基于群文阅读教学的小学古诗词教学设计

李海容 / 主编

东北师范大学出版社

长　春

图书在版编目（CIP）数据

基于群文阅读教学的小学古诗词教学设计 / 李海容主编. — 长春：东北师范大学出版社，2021.8
ISBN 978-7-5681-7594-4

Ⅰ.①基… Ⅱ.①李… Ⅲ.①古典诗歌—中国—阅读教学—教学研究—小学 Ⅳ.①G624.233

中国版本图书馆CIP数据核字（2021）第176613号

□责任编辑：石　斌　　　　□封面设计：言之凿
□责任校对：刘彦妮　张小娅　□责任印制：许　冰

东北师范大学出版社出版发行
长春净月经济开发区金宝街118号（邮政编码：130117）
电话：0431-84568115
网址：http：//www.nenup.com
北京言之凿文化发展有限公司设计部制版
北京政采印刷服务有限公司印装
北京市中关村科技园区通州园金桥科技产业基地环科中路17号（邮编：101102）
2021年8月第1版　2021年9月第1次印刷
幅面尺寸：170mm×240mm　印张：16.25　字数：264千

定价：45.00元

序 言

  由四川省李海容名师鼎兴工作室主持人李海容老师领衔写作的《基于群文阅读教学的小学古诗词教学设计》（以下简称"群文阅读"）即将付梓，李老师嘱咐我写一篇序。出于对李老师的尊重，更出于对一个优秀研究成果的赞叹，我欣然从命。

  古诗词是我国优秀传统文化的重要结晶，它以精练的语言、跳跃的情思、妙会的意境、深邃的意涵，深深地吸引着一代又一代的中华儿女，培养了他们的审美情趣，激发了他们的澎湃激情，也孕育了每一个中国人深藏于内心的那种无可言说却割舍不断的文化情绪和象征符号。由"关关雎鸠，在河之洲"的天真古风和"路曼曼其修远兮，吾将上下而求索"的瑰丽骚体，到"乘风破浪会有时，直挂云帆济沧海"的豪迈唐诗，再到"明月几时有，把酒问青天"的优雅宋词和"兴，百姓苦；亡，百姓苦"的直率元曲，古诗词以它多面的风格向我们展示了中华文化的多姿多彩和生命气质，为世界留下了一笔无比宝贵的财富。学习古诗词，传承优秀文化，是每一个中国人的必修课，也是形成文化自信的必由之途。四川省李海容名师鼎兴工作室团队所做的工作，正是这一伟大文化传承工程的重要组成部分，也将必然成为光彩闪亮的一部分！

  群文阅读是近十年来在中华大地上崛起的主要阅读形态，二十多个省市自治区的参与、几十万名教师的追随，真切地显示了群文阅读的价值所在和魅力所在。群文阅读是一种多文本阅读，和一般多文本阅读不同，它强调精选具有内在关联的文本组成群文，并在阅读过程中不断把意义质点关联起来，形成结构化的理解。它不仅摒弃了碎片化阅读、应激性阅读的弊端，而且通过理解的结构化有效地促进了学生高阶思维的发展，掀起了阅读教学领域静悄悄的变革，也为新课程改革以及素养本位的教育的真正落地开启了一个具体的实践路径。从更深层的实质上来说，群文阅读不仅改变了阅读的形态，更重要的是提供了一种思维方式、一种学习方法论，

基于群文阅读教学的小学古诗词教学设计

不管是对义务教育阶段统编教材的"1+X"的倡导,还是对高中课标所提出的学习任务群,群文阅读都提供了有效的思维和学习工具。

利用群文阅读来学习古诗词,是四川省李海容名师鼎兴工作室团队长期以来孜孜不倦探索的结果。在悠久的中华文明历史中,不少古诗词都有着内在的关联,这种关联或存在于主题,或存在于意境,或存在于意象,或存在于结构,或存在于作者的经历。不管何种关联,都可以当作线索来组织群文,而抓住这些关联,则可以让那些深奥的意蕴、缥缈的意境、跳跃的诗句变得富有规律,让高不可攀的古诗词在多向对比和关联中更加清晰可解,从而大大提升阅读的效率;把握这些关联,教师就可以更好地引导学生深入探究、集体建构,逐步形成系统化思考,提升阅读教学的效率,提升学生古诗词阅读的成就感。四川省李海容名师鼎兴工作室团队所探索的,就是利用群文阅读的理念来探寻古诗词教学的内在规律,发现古诗词高效教学的教育之道。

从形成的案例文本上来看,四川省李海容名师鼎兴工作室团队所做出的成果实在值得赞叹!他们用意象、用情思、用意趣、用主题将近200首古诗词有机地联系起来,形成了40余组群文,并配以古诗注释、教学过程设计,不仅为小学古诗词的群文阅读教学提供了丰富而有价值的阅读资源,而且为一线教师的古诗词教学提供了可资借鉴的操作路径。这是一套优秀的传统文化大餐,也是一条浅近且实用的古诗词群文阅读教学的实践路径。我相信,它对教师具有巨大的价值,而对学生、对家长来说也是一把文化启智和启蒙的奇妙钥匙!让我们一起期待一个美好作品的出现!

于泽元

(西南大学教授、博士生导师,西南大学教师教育学院副院长)

2020年10月5日于西南大学

目录

古诗中的酒 / 陈明华 …………………………………… 1
一样送别，几多离情 / 廖馨梅 ………………………… 10
一样送别，几多离情 / 刘文虎 ………………………… 15
边塞诗的"事"中"情" / 李佳 ………………………… 22
读古诗，找春天 / 赵惠芸 ……………………………… 28
画诗景，话诗情 / 程琦 ………………………………… 34
一轮明月，几多情思 / 范小娟 ………………………… 40
从诗词中"笑"看人生 / 樊晓莉 ……………………… 46
春雨亦多情 / 宋宝平　周帮萍 ………………………… 51
盛唐边塞情 / 卢海英 …………………………………… 57
一诗一地名，一诗一情怀 / 黄蓉 ……………………… 63
诗中雪，雪中情 / 李智 ………………………………… 69
古诗中的家国情怀 / 胡晓勤 …………………………… 76
秋心可知 / 钟奇岑　郭福海 …………………………… 82
诗　路 / 冯晓敏 ………………………………………… 88
悲喜总关情 / 赵湘 ……………………………………… 93
诗中有画，画中有诗 / 黄为华 ………………………… 98
一样孩童，别样童趣 / 李小燕 ………………………… 104
感受古诗词中的童趣 / 马智英 ………………………… 110
苏轼诗中的美食人生 / 邱琼 …………………………… 115
铁骨柔情辛弃疾 / 李利会 ……………………………… 121
杨状元诗中的春 / 朱居娥 ……………………………… 128
聊聊李白 / 魏强 ………………………………………… 134

亘古男儿—放翁——陆游的家国情怀 / 肖丽娟	140
意 象——山水之间话渔父 / 吴让洁	146
宋诗中的理趣 / 邹秀华 郭福海	152
古诗中的色彩 / 郭依梅	158
古诗中的春天 / 冉星	164
和古人找秋天 / 朱奎娟	170
古诗中的典故 / 祝肖何	176
数字与诗境 / 杜鹃 蒋毅	181
古诗中的"丝绸之路" / 阙蕾	187
趣味数字，魅力古诗 / 韦怡	194
奇妙的数字诗 / 李晓瑜	201
古诗中的遇与不遇 / 李洋	207
古诗中的田园生活 / 叶敏	213
古诗词中的元宵节 / 陈英	221
古诗中的节气 / 周洁	229
春天的鸟语 / 张敏 万典	234
巧借"诗眼"品古诗 / 苏茂西	240
古诗中的乐器 / 董霞	246

古诗中的酒

成都市锦西外国语实验小学　陈明华

适合年级：六年级

学习文本：

1. 送元二①使②安西
〔唐〕王维

渭城③朝雨④浥⑤轻尘，客舍⑥青青柳色新。
劝君更⑦尽一杯酒，西出阳关⑧无故人。

注释：

①元二：诗人的朋友，姓元名常，在家中排行第二，王维称他元二。②使：出使。③渭城：在今陕西省咸阳市东南。④朝（zhāo）雨：早晨的雨。⑤浥（yì）：湿润。⑥客舍：客栈，旅馆。⑦更：再。⑧阳关：在今甘肃省敦煌市西南，自西汉始，该地就是通往西域的门户。

2. 过①故人庄②
〔唐〕孟浩然

故人具③鸡黍④，邀我至田家。
绿树村边合⑤，青山郭⑥外斜。
开轩⑦面场圃⑧，把酒话桑麻⑨。
待到重阳日，还来就菊花⑩。

注释：

①过：拜访。②故人庄：老朋友的农庄。③具：准备。④鸡黍（shǔ）：鸡

和黄米饭,这里指农家待客的丰盛饭食。⑤合:环绕。⑥郭:古代城墙有内外两重,内为城,外为郭。这里指村庄的外墙。⑦开轩:打开窗户。⑧面场圃:对着谷场和菜园。⑨话桑麻:闲谈农事。桑麻,泛指农作物或农事,这里指农事。⑩就菊花:赏菊,也指喝菊花酒。古人有重阳饮菊花酒的习俗。

3. 月下独酌①四首·其一(节选)
〔唐〕李白

花间一壶酒,独酌无相亲②。
举杯邀③明月,对影成三人。

注释:

①独酌(zhuó):一个人饮酒。酌,饮酒。②无相亲:没有亲近的人。③邀:邀请。

4. 凉州词二首·其一
〔唐〕王翰

葡萄美酒夜光杯①,欲饮②琵琶马上催③。
醉卧沙场④君⑤莫笑,古来征战几人回。

注释:

①夜光杯:指传说中用白玉做成、夜间能发光的酒杯。这里泛指珍贵而精美的酒杯。②欲饮:正要喝酒。③催:催促,催人出征;也有人理解为鸣奏助兴。④沙场:平坦空旷的沙地,古时多指战场。⑤君:你。

【议题解析】

这节课的议题是"古诗中的酒",围绕这个议题设定的教学目标中有两个关键目标:一是引导学生发现诗人饮酒的原因及场景,并在"比对读议"中结构化地理解诗中酒与情、景之间的关联;二是感悟"酒"在古诗中独特的意韵。

《送元二使安西》中,诗人王维的好朋友元二即将出使安西。安西是唐朝中央政府为统辖西域而设的安西都护府的简称,在今新疆库车县附近,那里距长安路途遥远,元二的出使行程充满艰辛。王维在咸阳城与元二依依惜别,写下了这首诗。

《过故人庄》叙述了作者受邀到农家做客，受到热情款待的经过，描写了山村风光和与朋友欢聚的生活场景。在淳朴自然的田园风光之中，主人与客人举杯饮酒，闲谈农事，充满了乐趣，也充满了朋友间的情意。

《月下独酌四首·其一》（节选）约作于唐天宝三年（744年），当时李白正处于官场失意的境况，政治理想无法实现，心情孤寂苦闷。但面对黑暗的现实，他没有沉沦，没有同流合污，而是追求自由，向往光明，故有此作。

《凉州词二首·其一》全诗写艰苦荒凉的边塞的一次盛宴，描摹了边塞将士们开怀痛饮、尽情酣醉的场面。边塞荒寒艰苦的环境、紧张动荡的征战生活使得边塞将士很难有一次欢聚的酒宴。诗中那开怀痛饮、一醉方休的场面与将士们的壮志豪情令人震撼不已。

在浩瀚的古诗词作品中，与酒相关的有很多，虽然本组诗文都写到了酒，但每首作品中酒的滋味却不尽相同。《送元二使安西》中，那杯送别酒表达的是对友人远行的不舍和关心；《月下独酌四首·其一》（节选）中，"无相亲"的酒里满含孤独，更有一份独属于李白的洒脱与豪放；《过故人庄》里的酒充满故友相聚的欢欣、闲适；《凉州词二首·其一》里的酒豪放中带着悲壮，悲壮中又带着令人震撼的浩气。

四首诗有相同的地方，又有不同的地方。同样是和友人喝酒，王维和孟浩然喝出的是不同的情感；同样是喝酒，前三首重点表露的是个人的情绪，《凉州词二首·其一》的"醉卧沙场"却超越了个人的悲喜，有着一份保家卫国的家国情怀。这样一组文本很利于学生在"比对读议"的统整过程中有新的发现。

通过对这四首古诗做结构化处理，从喝酒之因、喝酒之情、喝酒之景三个维度可以建构出"情融酒中、酒随情变、情因酒浓"的新认知。随着阅读与思考的层层递进，学生可以发现，诗中的酒已不只是物质的酒了，更是一种精神的酒、文化的酒。酒催生了这些佳作，这些佳作又反过来将中国的酒酿得更有文化气质，从而影响着一代又一代的人。这便是中国古代文人的"诗酒情怀"。

【教学目标】

（1）诵读这组古诗，在理解诗意的基础上体会诗歌表达的情感。

（2）引导学生发现诗人饮酒的原因及场景，并在"比对读议"中结构化地理解诗中酒与情、景之间的关联。

（3）感悟"酒"在古诗中独特的意韵。

【教学重难点】

探索喝酒之因、喝酒之景与喝酒之情之间的关联。

【教学时间】

40分钟。

【教学过程】

（一）猜测"酒"字，揭示课题

（1）同学们，这是一幅画，也是一个字。猜猜看，是哪个字？怎么看出来的？

这是甲骨文形态的"酒"字，后来，古人又在旁边加了水的象形符号，就更接近今天的"酒"字了。

（2）甲骨文时代就有"酒"字，说明了什么？

（3）中国古代有酒，还有古诗，当古诗与酒相遇，会擦出怎样的火花呢？

今天，我们就来聊一聊这个话题，一起读课题。

设计意图：借对"酒"字演变历史的探索，让学生了解中国酒文化的源远流长，同时自然引出本课议题。

（二）为酒命名，习得学法

1. 读通读顺

同学们之前已对四首古诗进行了预习。我们先来看看其中的这首古诗，（出示《送元二使安西》）请一名同学来读一读。

（根据学生朗读情况做必要正音。）

诗读正确了，意思知道吗？请结合题解、注释和译文看一看，试着用自己的话说说诗句的意思。

请一名同学说一说诗句意思。

2. 为酒取名

诗中的酒在哪里？找找相关的句子。

王维又一次端起的这杯酒，是一杯什么酒呢？我们来试着给这杯酒取个名字吧，并说说你的理由。

学生表述所取酒名及原因，顺势请学生上台板书所取酒名。（送别酒、关心酒、友情酒、不舍酒、担忧酒、故人酒……）

不简单，同学们赋予了王维这首诗中的酒这么多名字。

3. 喝酒之情

咦，同学们取的酒名（在学生板书的酒名中，标出与情感有关的酒名）都和什么有关联？

看来，酒中包含着诗人送别朋友时丰富的情感。

4. 喝酒之因

这个题目道出了诗人喝酒的什么？也就是诗人喝酒的原因。

我们回到诗中来看看，这是一场怎样的送别呢？（出示元二出使安西的行进路线）

找找长安，找找渭城，再找找安西，你看出了什么？

如此遥远艰辛的路途，这一别，不知何时才能再见，甚至不知还有没有机会再见！所以，老朋友，再喝一杯吧！（读读诗人劝饮的诗句）

看来，喝酒时的情感和喝酒时作者经历的事情有关。

5. 喝酒之景

再看看，诗人是在怎样的环境中喝酒的呢？

喝酒时诗人看到的这些景和诗人喝酒时的情感之间有没有关联呢？

播放《送元二使安西》微课视频：

原来，诗中的柳还有如此深意！来，读出他们的依依不舍。——渭城朝雨浥轻尘，客舍青青柳色新。

原来，这浥尘的朝雨，这青青的柳色，都是诗人情感的代言人。读——渭城朝雨浥轻尘，客舍青青柳色新。

正因为有此情，有此景，诗人才会端起酒杯。读——劝君更尽一杯酒，西出阳关无故人。

正因为情到深处，诗人才会一次又一次端起酒杯。读——劝君更尽一杯酒，西出阳关无故人。

6. 统整关联

整理刚才探索发现的内容，引导学生进行统整：关于这首诗中的酒，你有什么发现？（表1）

表1

喝酒之因	喝酒之情	喝酒之景
送别	不舍、关心……	朝雨、柳色……

学生畅谈发现。

小结：

的确，喝酒的情感与诗人所经历的事、所看到的景有关联。

王维和元二喝的还仅仅是一杯普通的酒吗？这酒中包含着什么？

眼前的一切、心中的一切都汇聚成浓浓的情意，融入了这一杯又一杯的酒中。

（板书：情融酒中）

再来读一读这首诗吧！

设计意图：聚焦于"1"，即《送元二使安西》，在读通、读顺、读懂的基础上，借"为酒取名"这一活动，自然地引导学生由语言层面走到诗歌文字的背后，关注诗人"喝酒之因""喝酒之景""喝酒之情"，并引导学生发现诗中与"酒"有关的这三个维度间的关系，感受诗人表达的情感及融情于酒的表达方式。

（三）寻因入景，探酒之味

1. 明白要求

用上面的方法来读古诗能有更多的发现，我们用这样的方法来读读另外两首诗。一组同学探索《过故人庄》，另一组同学探索《月下独酌四首·其一》（节选）。

开始之前，请一名同学读一读自学提示。

自学提示：①自读古诗，借助注释、题解、译文理解诗意；②填写学习单；③想想诗人"喝酒之情"与"喝酒之因""喝酒之景"之间有什么关联（表2）。

表2

篇目	喝酒之因	喝酒之情	喝酒之景
《过故人庄》			
《月下独酌四首·其一》（节选）			

2. 学生自学

学生独立阅读思考，完成学习卡的填写。

3. 分享交流

（1）分别在小组分享一下，说不定你会受到启发，可以进一步修改你的批注。

（2）全班交流《过故人庄》。

谁来结合你填写的学习单说说关于这首诗中的酒你有什么发现。

这首诗中孟浩然喝酒的情感和什么有关联？

此时此刻，此情此景，尽在酒中，我们再朗读一下这首诗。

（3）全班交流《月下独酌四首·其一》（节选）。

结合填写的学习单，说说关于这首诗中的酒的发现。

这首诗中李白喝酒时的情感又和什么有关联？

诗仙李白，也被称酒仙，这首《月下独酌四首·其一》（节选），只是他170多首与酒有关的诗中的一篇。李白的酒中有丰富的情感、有独特的视角、有非凡的才气、有超然于众人的人生态度。

女生读一读这首诗，能读出他的寂寞吗？

男生读一读这首诗，能读出他的乐观豁达吗？

同学们，化身为你心中的那个李白，读出你理解的酒的滋味吧！一起读！

4. 再次统整

梳理三首诗的探索成果，以表格形式呈现。

同学们，探究完了三首诗，有没有什么新的发现？

学生畅谈发现。

小结：

看来，喝酒之情受诗人经历与喝酒场景的影响不是《送元二使安西》所独有的，这是这几首诗一个共同的规律。

是呀，不同的际遇、不同的个性、不同的情景决定了诗人喝酒时情感的不同。同样一杯酒，情感不同，喝出的滋味便不同了。

（板书：酒随情变）

5. 补充阅读

还有一首诗（出示《凉州词二首·其一》），来，一起读读。

这首诗中的酒也有情，结合喝酒的原因、喝酒的场景看一看它和前面几首诗有什么不同。

请在学习小组内交流一下你的发现。

全班交流。

小结：

是呀，前面三首诗的酒中所包含的情感虽各有差异，但又有一个共同点——都是个人在特定经历中的情感。而《凉州词二首·其一》的酒中之情则超越了个人悲喜，表达的是将士们的家国情怀！

老师和同学们一起朗读，让我们感受这杯酒中的悲壮与豪迈吧！

设计意图：由《送元二使安西》这一"1"的共同探究，过渡到《过故人庄》《月下独酌四首·其一》（节选）等"X"的自主探究和交流分享，在引导学生将所习得的学法进行实践的同时，进一步印证前诗所发现的"因""景""情""酒"间关联的规律。充分研究、汇报、品读、感悟之后，在三首诗的统整中发现，三首诗规律虽相同，但从纵向来看，不同诗中，诗人饮酒之因、之景、之情又有所不同，以此理解诗中酒丰富多元的内涵。在此基础上，再引入第四首诗《凉州词二首·其一》，求同比异，感受"酒"除了寄托个人悲喜，也能承载家国情怀的宏大精神内涵与主题。这样，一步一步，由单篇到群文，以"酒"为媒，伴随着学生对"诗"的理解、对"情"的感悟、对"人"的关注，学生"比对""研究""欣赏"等思维能力也会得到提升。

（四）关联诗酒，感悟情怀

1. 写酒之因

现在，我们把四首诗放在一起看。四首诗都写到了酒，诗人是为了给我们介绍酒吗？当然不是，那为何四位诗人不约而同地把酒写进了诗中呢？

2. 分享交流

请同学们在小组内发表一下你的观点，然后在全班交流。

小结：

因为中国的酒已不只是物质的酒了，更是一种精神的酒。以酒寄情，情更浓；以酒入诗，意更浓！酒能寄托情感，也能催化情感。

3. 诵读感悟

离别已不舍，有了酒更不舍。

读——劝君更尽一杯酒，西出阳关无故人。

欢聚时，很悠然，有了酒，更愉悦。

读——开轩面场圃，把酒话桑麻。待到重阳日，还来就菊花。

独处虽寂寞，有了酒，或许能品出超然与旷达。

读——花间一壶酒，独酌无相亲。举杯邀明月，对影成三人。

即便知道古来征战几人回，有了酒，也能笑傲沙场，视死如归！

读——葡萄美酒夜光杯，欲饮琵琶马上催。醉卧沙场君莫笑，古来征战几人回。

4. 结课升华

酒因情更浓，情也因酒更浓！（板书：情因酒浓）当酒遇到情感丰富的诗人，便酿出了一篇又一篇千古传诵的名篇佳作。这些佳作又反过来将中国的酒酿得更有文化气质，影响着一代又一代的人。这便是中国古代文人的"诗酒情怀"。

下课！

设计意图：学完这四首诗，再从整体上去探究"酒"与"诗"的关系，进而明白，"酒"作为古代诗人常用的意象之一，除了因其物质特性可以"浓情"外，更因与酒有关的这些佳作、这些情感、这些诗酒人生，而有了中国之酒丰富的精神内涵。诗中之酒胜于酒，饮者能与古人共鸣，读者也能与古人共情。学生通过对"古诗中的酒"这一议题的探索，在回归诗歌表达这一"语用"大地的同时，还能展翅飞向更广阔的天空——对"诗酒文化"有了更深刻的审美体验和感悟，对更多同类诗歌及背后的精彩人生有了更强烈的阅读期待。

一样送别，几多离情

成都市武侯区教育科学发展研究院　廖馨梅

适合年级：六年级

学习文本：

1. 别董大①二首·其一
〔唐〕高适

千里黄云白日曛②，北风吹雁雪纷纷。
莫愁③前路无知己，天下谁人不识君④。

注释：

①董大：董庭兰，唐代有名的乐师，在其兄弟中排名第一，故称董大。吏部尚书房琯被贬出朝，董大作为门客，也只能离开长安。②曛：昏暗。③莫愁：不要发愁。④君：指董大。

2. 送元二使安西
〔唐〕王维

渭城①朝雨浥②轻尘，客舍③青青柳④色新。
劝君更尽一杯酒，西出阳关⑤无故人。

注释：

①渭城：在今陕西省西安市西北，即秦代咸阳古城。②浥：润湿。③客舍：旅馆。④柳：柳树，象征离别。⑤阳关：在今甘肃省敦煌市西南，为自古赴西北边疆的要道。

3. 晓出①净慈寺送林子方
〔宋〕杨万里

毕竟②西湖六月中，风光不与四时③同。
接天莲叶无穷④碧，映日荷花别样⑤红。

注释：

①晓出：太阳刚刚升起。②毕竟：到底。③四时：这里指六月以外的其他时节。④无穷：无边无际。⑤别样：特别，不一样。

【议题解析】

"送别"是人类常见的交际形式，六年级学生即将毕业，面临一次重要的"送别"，学习送别诗能够使他们体察内心、体验情感。本组送别诗，都描写了送别的情景（别景）、表达了离别的情感（离情）。但三首诗所写之景、所表之情有明显的差异：其一，《别董大二首·其一》《送元二使安西》虽都是先写景再抒情，呈现出"情景交融"的特点，但《别董大二首·其一》的"景"——千里黄云白日曛，北风吹雁雪纷纷——昏暗、苍凉；《送元二使安西》的"景"——渭城朝雨浥轻尘，客舍青青柳色新——清新、舒爽，画面一明一暗。再看"情"，《别董大二首·其一》中"莫愁前路无知己，天下谁人不识君"，用豪迈的语气表达鼓励与安慰；《送元二使安西》中"劝君更尽一杯酒，西出阳关无故人"，不舍中有忧愁，两处的情味截然不同。以上两首诗正好验证了王夫之的言论——"以乐景写哀，以哀景写乐，一倍增其哀乐"。其二，《晓出净慈寺送林子方》与前两首诗相比，也有不同——诗人只写了"景"而未明确抒"情"，运用了"寓情于景"的手法，借助对荷花的描写——接天莲叶无穷碧，映日荷花别样红——巧妙地表达出"你只有在皇帝身边才能有所成就"的劝告之意。综上，三首送别诗，形式上有共同点——前两首均先写景后抒情，也有不同点——最后一首只写景；形式相同的两首诗，表达上又有不同——一为"哀景乐情"，一为"乐景哀情"。将这既具共性又具个性、既统一又对立的三首诗组合在一起，就会激发学生认知上的冲突，使他们产生探寻的动机——景物描写在写实的同时还表达了什么情绪？送别之人的遭遇与诗中情感有怎样的关系？"哀景乐情""乐景哀情"这样看似矛盾的表达起到了怎样的效果？"寓情于景"是怎样巧妙地将情感隐藏在景物之中的？

探寻的过程，就是学生高阶思维能力得到锻炼和发展的过程。

【教学目标】

（1）通过对比阅读，感受送别诗的基本特点及多样的别景离情。

（2）有感情地朗读诗，结合背景和注释等理解多样离情及其产生的原因。

（3）初步探讨"景""情"之间的联系。

【教学难点】

有感情地朗读诗，结合背景和注释等理解多样离情及其产生的原因。

【教学时间】

40分钟。

【教学过程】

（一）诵古诗，感特点

（1）出示已学过的《赠汪伦》《江畔独步寻花》。想象画面，读出韵味。

（2）出示新诗——《南浦别》，教师诵读，学生想象、感受。

"南浦凄凄别，西风袅袅秋。一看肠一断，好去莫回头。"用一两个词说出自己的感受。

（3）把这首诗和前面读过的三首诗对比，《南浦别》像哪一首？为什么？

像这样描写离别的场景、抒发离别情感的诗，我们把它归类为"送别诗"。

这类诗通常都会有一个显著的特点，一看到某些字（别、赠、送）就基本能判断它是送别诗。

（4）小结：同学们即将毕业，也要面临"送别"。接下来我们就来学习一组送别诗，一起来感受一下送别时的"别景""离情"。

设计意图：联系旧知，将送别诗与非送别诗区别开来，找到送别诗的共性特征，为学习"一类诗"打基础。

（二）谈发现，品不同

1. 共读

（1）快速阅读，找出诗中具有送别诗显著特点的词语。

读诗的题目，读出送别的感受。

（2）对比阅读，找出描写"别景""离情"的词句，批注你的感受和发现。

设计意图：通过对比阅读、批注感受，初步发现"景""情"的不同。

2. 共议

共议，即交流、碰撞、反思。

设计意图：通过小组交流，对比感受"别景"与"离情"的差异。

3. 共享

出示《别董大二首·其一》《送元二使安西》

别景：

（1）这两首诗里的"别景"给你什么感受？用一两个词概括。

（2）联系具体的景物说一说，你为什么会有这样的感受呢？

师：如果我们说"千里黄云白日曛，北风吹雁雪纷纷"有粗犷男人的味道，那"渭城朝雨浥轻尘，客舍青青柳色新"就像……？读出不同的感觉来。

离情：

（1）对这两首诗表达的"离情"，你有什么发现？

（2）对董大，是劝他大胆往前走；对元二，是希望他留下来别走。为什么会这样呢？（分别从董大的现状、元二的未来、作者的性格等方面去思考）

（3）有感情地朗读。

景情：

（1）看板书，想一想，高适既然要表达乐观的鼓励之情，为什么写这么昏暗的景呢？既然朋友的走让王维担心、不舍，他怎么又写这么清新的景呢？（以昏暗的景让鼓励之情更强烈，以清新的景表达担忧和挽留。）

（2）小结：这两首诗，景中有情、情中有景，这就叫"情景交融"。

设计意图：通过对比，发现"景"并非完全是眼前之景的客观呈现，是为烘托情感服务的；"情"因人、因事而变化。

三首诗同时出示

（1）把《晓出净慈寺送林子方》和前面两首诗比一比，又发现了什么？（只有景）

（2）读读后两行诗，这里的景给你什么感受？（鲜艳）

鲜艳的景，是想表达什么情呢？（学生猜测）

（3）快速阅读资料，想想这首诗到底有没有"情"？是什么"情"？（劝告）

（4）作者是如何巧妙地在"景"中表达他的劝告之情的呢？（寻找景物与

情感的关系）

（5）小结：诗人把情感寄托在景物上，这就叫"寓情于景"。（出示后半段资料）可惜林子方没有读懂这份情。

设计意图：通过与前两首诗的对比，让学生发现第三首送别诗只写了"景"，而没有明确写出"情"。借助背景资料让学生发现"情"是这样隐喻在诗句中的——"西湖"即朝廷，"天""日"即皇帝，想要"无穷碧""别样红"，就不能离开皇帝。

（三）探原因，得共识

（1）三首诗，同样是送别，却有几多离情。是什么原因造成的不同呢？（背景不同，诗人及送别之人的境遇不同、性格不同……）

（2）总结：每一首送别诗的背后，都有具体丰富的背景，都饱含一份情谊。

设计意图：将学生的思维引向对一类事物的规律性认知，让学生明白送别诗的表达受多种因素的影响。

一样送别，几多离情

成都市青羊区教育科学研究院　刘文虎

适合年级：四年级

学习文本：

1. 送别诗
〔隋〕佚名

杨柳青青著地①垂，杨花漫漫搅②天飞。
柳条折尽花飞尽，借问行人归不归？

注释：
①著地：挨着地面。指柳条很长，垂到地面。著，接触，挨上。②搅：搅动。指杨花很多，漫天飞舞。

2. 谢亭送别
〔唐〕许浑

劳歌①一曲解行舟，红叶青山水急流②。
日暮酒醒人已远，满天风雨下西楼③。

注释：
①劳歌：原本指在劳劳亭（一个著名的送别之地）送客时唱的歌，后来成为送别歌的代称。②水急流：暗指行舟远去，与"日暮酒醒""满天风雨"共同渲染离别之情。③西楼：指送别的谢亭。古代诗词中"南浦""西楼"都常指送别之处。

3. 闻王昌龄左迁①龙标遥有此寄
〔唐〕李白

杨花②落尽子规③啼，闻道龙标④过五溪。
我寄愁心与⑤明月，随风直到夜郎西。

注释：

①左迁：贬谪，降职。②杨花：柳絮。③子规：杜鹃鸟，又称布谷鸟，相传其啼声哀婉凄切。④龙标：诗中指王昌龄，古人常用官职或任官之地的州县名来称呼一个人。⑤与：给。

4. 别离
〔唐〕陆龟蒙

丈夫非无泪，不洒离别间。
杖剑①对尊②酒，耻为游子颜③。
蝮蛇④一螫（shì）⑤手，壮士即解腕⑥。
所志⑦在功名，离别何足叹。

注释：

①杖剑：同"仗剑"，持剑。②尊：酒器。③游子颜：游子因为离开家乡而心情欠佳，面带愁容。④蝮蛇：一种毒性很强的蛇。⑤螫：毒虫刺人。⑥解腕：斩断手腕。⑦志：立志，志向。

知识拓展：

古人送别为何偏爱折柳
佚 名

"人有悲欢离合，月有阴晴圆缺。"送别永远是一个令人伤感的话题。在古代社会，由于交通不便、通信滞后，送别更显伤感而隆重，因此产生了大量脍炙人口的诗词。折柳相送是古人送别的重要仪式，这在诗文、戏曲和小说等文学作品中均有反映。

关于折柳相送的由来，颇具浪漫色彩。相传是取自《诗经》中的《采薇》："昔我往矣，杨柳依依。今我来思，雨雪霏霏。"因为"柳"与"留"

谐音，折柳赠别可表达分别时依依不舍之情。此外，柳树生命力很强，柳条插土就活，因此有"有意栽花花不开，无心插柳柳成荫"的说法。所以古人折柳送别还蕴含着希望远行的人能够在他乡顽强地生活下去的美好心愿。

除了折柳相送，古人还有其他一些表达离别之情的送别方式。比如音乐相送，就像我们在《赠汪伦》中读到的送别场景："李白乘舟将欲行，忽闻岸上踏歌声。"比如饮酒送别，古代有专门的茶楼酒肆用来送别，以便"劝君更尽一杯酒，西出阳关无故人"。时至今日，饮酒送别仍是一种普遍的送别方式。

此外，送别诗中不同的送别方式，还承载了诗人的不同情感。例如，折柳送别多表达的是离人间的依依不舍，而饮酒送别流露出的往往是更为激昂或者悲凉的情感。

——摘自趣历史网

【议题解析】

送别是亘古以来一个永恒的主题，古代尤其如此。今人送别，多表达离情别意和不舍，而古人更多地是寄寓理想、情怀、抱负或者家国情怀。送别诗是古人内心世界的外显。所以，同样是送别，离情却不同，而对此的解读即是本组送别诗研究的重点。

《送别诗》中的折柳，本意在赠别；今柳条折尽，则意味着离别已久，睹旧物而怀远人。《谢亭送别》中，前两句以青山红叶的明丽景色反衬别绪，后两句以风雨凄凄的黯淡景色正衬离情，以描写景色作为反衬的手法表达情感。《闻王昌龄左迁龙标遥有此寄》首句写出了春光消逝时的萧条景况，渲染了环境气氛的黯淡、凄楚；次句是对王昌龄"左迁"赴任路途险远的描画，显出李白对诗友远谪的关切与同情；三、四两句寄情于景，对诗友进行由衷的劝勉和宽慰。《别离》这首诗的首联用洒脱挺拔之笔，生动地勾勒出主人公坚强刚毅的性格；颔联用壮士奔赴战场的比喻，描画出大丈夫的雄伟形象；颈联运用成语，表明大丈夫不畏艰险、不怕牺牲的大无畏精神；尾联总述前文，点明大丈夫的志向在于建功立业。

这组群文围绕"送别"话题，虽同是送别，但方式不同，别情更不同，因此，研究的重点应落在"别情"上。古人因送别的人物、场地、历史背景、诗人的处境以及对待人生的态度不同，"离情"也不同。学生可通过整合、比较，梳理出"离情"不同的言语密码，从而深入地理解并领会送别诗的别样魅力。

【教学目标】

（1）运用比较阅读的方式，诵读有关"送别"的古诗，了解送别诗的由来、分类、特点、表达方式等。

（2）有感情地诵读，体会为何"一样送别"，却"几多离情"。

【教学难点】

体会为何"一样送别"，却"几多离情"。

【教学准备】

PPT、阅读文本、工作纸。

【教学时间】

40分钟。

【教学过程】

（一）读题、议题：感知送别

1. 话题切入：有过和父母分别的经历吗？你怎样理解"送别"一词的意思

从小到大，我们每个人都或多或少地经历过别离，或游学，或旅行，或父母外出，在你的人生经历中，印象最深刻的一次别离是什么？你有什么样的感受？（难忘、感伤、难过……）

2. 读题、议题："一样送别，几多离情"

（1）有感情地读题目，注意读出关键字和重音："送别""离情""一样""几多"。

（2）怎样理解"一样送别，几多离情"？（方式都是离别，但是表达的情感多种多样。）

齐读，读出这种感情。

设计意图：让学生从身边经历开始，感知离别的方式，体会离别的切身感受，尽快切题，激发思考。

（二）初读古诗，疏通文义

1. 读通文字

（1）自读古诗，注意读通顺。

（2）抽生读，师指导，全班练读。

提示重点字词读音：

著（zhuó）地　搅（jiǎo）天飞　蝮（fù）蛇（shé）　解（jiě）腕（wàn）

2. 读出诗韵

（1）这几首诗都是描写送别的，但情感基调各有不同。听朗读录音，体会比较：每首诗应该以怎样的情感基调读？提示：

《送别诗》——忧思满怀、情意绵绵。

《谢亭送别》——景色虽美，反衬伤别。

《闻王昌龄左迁龙标遥有此寄》——抒发感愤、寄以慰藉。

《别离》——格调高昂，境界雄奇。

（2）标画节奏和重音，师生共读。

（3）配乐朗读，注意读出节奏和情感基调。

3. 读出诗意

（1）默读并勾画不理解的词句。

（2）小组、全班交流。

（3）结合交流和注释，疏通文义。

《送别诗》：

（译文）青青的杨柳枝垂到地面，杨花漫天飞舞。柳条折尽了，杨花也已飞尽，借问一声，远行的人什么时候回来呢？

《谢亭送别》：

（译文）唱完了一曲送别的歌儿，你便解开了那远别的行舟，两岸是青山，满山是红叶，水呀，在急急地东流。当暮色降临，我醒来了，才知道人已远去，而这时候，满天风雨，只有我一个人的身影独自离开那西楼。

《闻王昌龄左迁龙标遥有此寄》：

（译文）树上杨花落尽，杜鹃在不停地啼叫，听说你被贬到龙标去了，一路上要经过五溪（辰溪、酉溪、巫溪、武溪和沅溪）。让我把为你而忧愁的心托付给天上的明月吧，伴随着你一直走到那夜郎以西！

《别离》：

（译文）大丈夫何尝没有滔滔眼泪，只是不愿在离别时涕泗横流。面对离酒慷慨高歌、挥舞长剑，耻如一般游子那样满脸离愁。一旦被蝮蛇螫伤手腕，当断手臂就断，壮士绝不踌躇。既然决心闯荡天下，建功立业，离别便是家常便饭，何须叹息怨尤。

齐读这四首送别诗。

设计意图：梳理诗歌大意，让学生在粗读感知的基础上，知道古人离别的时间、地点、送别方式，初步感受古人在离别时表达情意的方式以及情感基调，为下文的议题建构做铺垫。

（三）诵读比较：折柳送别，离情不同

1. **快速读文，概括古人的送别方式**

（1）读《古人送别为何偏爱折柳》，找出文中提及的送别方式。

折柳相送、音乐相送、饮酒相送等。

（2）学生自读勾画。

（3）交流汇报。

折柳相送：《三辅黄图·桥》中，"霸（灞）桥，在长安东，跨水作桥。汉人送客至此桥，折柳赠别"。这是有关折柳赠别的最早文字记载。

音乐相送：《赠汪伦》中，"李白乘舟将欲行，忽闻岸上踏歌声"。

饮酒相送：《送元二使安西》中，"劝君更尽一杯酒，西出阳关无故人"。

2. **复读全文，思考分析：古人为何偏爱折柳送别**

由来：《诗经·采薇》

寓意："柳"与"留"谐音；柳树生命力旺盛，是美好祝愿……

3. **链接补充与折柳送别有关的古诗，诵读比较情感**

（1）下面不同的折柳诗表现了怎样的情感？

柳条折尽花飞尽，借问行人归不归。——隋杂曲歌辞《送别诗》（思归、盼归）

渭城朝雨浥轻尘，客舍青青柳色新。——王维《送元二使安西》（真挚惜别）

此夜曲中闻折柳，何人不起故园情。——李白《春夜洛城闻笛》（思乡）

天下伤心处，劳劳送客亭。春风知别苦，不遣柳条青。——李白《劳劳亭》（离别之苦）

（2）自由练读，读出情感，并试着背诵自己喜欢的诗句。

设计意图：通过不同送别方式的比较，凸显折柳送别在古人送别方式中的重要地位；补充相关诗句，让学生感受其中蕴含的象征意义。

（四）品读统整："一样送别，离情不同"

1.仔细读一读这些诗句，说说古人为何会如此热衷于写送别诗

（1）自读体会。

（2）交流汇报。（古代交通不便，难以相见，分别时感慨万千。因此，古人喜欢通过写诗来表达离别之情。）

2.再次品读，体会这几首送别诗分别寄寓了怎样的感情

（1）小组交流。

（2）交流汇报。

《送别诗》：借柳抒发恋恋不舍的心情。

《谢亭送别》：表达了诗人送别友人时的惆怅。

《闻王昌龄左迁龙标遥有此寄》：表达了作者对王昌龄怀才不遇的惋惜与同情。

《别离》：点明壮士怀抱强烈的建功立业的志向。

3.全班共议，统整观点：为何古人会"一样送别"，却"几多离情"

统整观点：送别诗，除单纯的送别之外，往往还有其他寄寓——或用以激励劝勉，或用以抒发友情，或用以寄托诗人自己的理想抱负。另外，送别内容有夫妻之别、亲人之别、友人之别，也有同僚之别，甚至还有匆匆过客之别。所用的手法常常是直抒胸臆或借景抒情，有的格调豪放旷达，有的委婉含蓄，有的词浅情深。所以"一样送别"，却"几多离情"。

设计意图：统整讨论，让学生感受送别的"一样"、离情的"不同"，在品读中深刻感受送别文化的丰富内涵。

（五）拓展链接，诵读送别诗

古代还有许多送别诗，把下面这些送别诗背下来，并试着体会它们表达的情感：

《别董大》《芙蓉楼送辛渐》《白雪歌送武判官归京》《送杜少府之任蜀州》《赋得古原草送别》《黄鹤楼送孟浩然之广陵》《晓出净慈寺送林子方》。

设计意图：通过拓展送别诗，把学生的视野引向更宽广的送别文化，打下诗文赏析的精神底色。

边塞诗的"事"中"情"

成都市茶店子小学 李 佳

适合年级：五年级

学习文本：

1. 凉州词①二首·其一
〔唐〕王之涣

黄河远上白云间，一片孤城万仞②山。
羌笛③何须④怨杨柳⑤，春风不度⑥玉门关⑦。

注释：

①凉州词：又名《凉州歌》，是唐代传唱于凉州的乐曲名。凉州，在今甘肃武威。②万仞：形容极高。仞，长度单位。古时七尺或八尺为仞。③羌笛：西北少数民族所吹的一种管乐器。④何须：何必。⑤杨柳：一种名为《折杨柳》的歌曲，内容多倾诉离情别绪，曲调哀怨。⑥度：经过。⑦玉门关：在今甘肃省敦煌市西北，唐朝时通往西域的重要关口，即前面提到的"孤城"。

2. 出塞①
〔唐〕王昌龄

秦时明月汉时关，万里长征人未还。
但使②龙城飞将③在，不教胡马④度阴山⑤。

注释：

①出塞：古代乐府中的一种军歌。塞，边境上险要的地方。②但使：只要。③龙城飞将：龙城，即卢龙城，在今河北省喜峰口一带。飞将，指汉代骁

勇善战的名将李广。④胡马：这里指匈奴的军队。⑤阴山：昆仑山的北支，起自河套西北，横贯绥远、察哈尔及热河北部，是我国北方的屏障。

3. 从军行
〔唐〕王昌龄

青海①长云暗雪山②，孤城遥望玉门关③。
黄沙百战穿金甲，不破楼兰④终不还。

注释：
①青海：指青海湖。②雪山：指祁连山。③玉门关：古关名，在今甘肃省敦煌市西北。④楼兰：古国名，汉时西域的鄯善国。这里泛指外敌。

4. 凉州词二首·其一
〔唐〕王翰

葡萄美酒夜光杯①，欲饮②琵琶马上催③。
醉卧沙场④君莫笑，古来征战几人回。

注释：
①夜光杯：传说用白玉做成、夜间能发光的酒杯。这里泛指珍贵精美的酒杯。②欲饮：正要喝酒。③催：催促。指催人出征。④沙场：古时多指战场。

【议题解析】

本课选取的四首边塞诗都是描写悲壮、艰辛的军旅生活的，但因选材角度不同，表现了不同的情感。《凉州词二首·其一》（王之涣）写的是戍边士兵的思乡情，虽然极力渲染士兵不得还乡的怨情，但丝毫没有颓丧消沉的情调，充分表现出盛唐诗人的豁达胸怀。《出塞》是一首脍炙人口的边塞诗，通过对汉代名将李广的怀念，指责诗人所处时代守边将领的无能，表达出诗人盼望良将出现，渴望胜利的心情。《从军行》从侧面描写边疆战争，直写战士面对恶劣环境与无穷征战时的主观心态。王翰的《凉州词二首·其一》与王之涣的《凉州词二首·其一》一样，都是借用当时流行于边塞的乐曲写成的。诗人选取临上战场痛饮美酒的场景，把将士的豪情壮志表现得一览无余。

细细品读每首诗，我们会发现诗中都有或悲或壮的怀乡、怀人之情，但从讲述的事件角度去读，又会发现同样是写边塞，却因事件角度不同，诗人表达的情感主题多样，有反映战士在边塞艰苦生活的，有反映征妇相思怀念之情的，有表现将士们英勇善战、为国捐躯的豪情壮志的，也有表现对军中主帅、朝廷昏庸的不满之情的……

这一课的教学设计意图，就是引导学生从事件角度去发现边塞诗表达的多样情感主题，感知边塞诗叙事传情、情随事变的魅力。此外，让学生通过比较阅读，体会诗人融情于景的表达方式。

【教学目标】

（1）诵读一组边塞诗，在理解诗意的基础上，体会诗歌表达的情感。

（2）品读古诗，发现边塞自然景物的特点，感受诗人融情于景、以景衬情的表现手法。

（3）通过对比，尝试从事件角度归纳诗歌情感，发现边塞诗的多种主题思想。

【教学重难点】

感受边疆独特景物，探索诗歌中"事"与"情"的关联。

【教学时间】

40~60分钟。

【教学过程】

（一）引入

（1）介绍边塞诗歌创作的时代背景。

边塞风光奇异险绝，但时有战争发生。从先秦就有了以边塞、战争为题材的诗。发展到唐朝，由于战争频繁，统治者重武轻文，边塞诗大大发展，成为唐诗中的主要流派。

（2）导入：今天我们一起来聊聊边塞诗，看看这一类诗的作者想表达什么思想主题，又是怎样表达的。

设计意图：由边塞诗的创作背景引出探讨的议题。

（二）学习《凉州词二首·其一》（王之涣）

1. 自读诗，读通读顺

借助注释和译文，试着用自己的话说说诗句的意思。

2. 品味边塞景

（1）人们都说边疆的景色独特，那这首诗描绘的是怎样的景象呢？找一找相关句子。

（2）作者远望黄河，看到了怎样的景象？这景象让你想到了哪些词？（雄伟、壮丽……）

带着你的感受读一读这句诗。

（3）再把目光转向所处的边城，看到的景象是——一片孤城万仞山。在高山大河的环抱下，只有这一座孤城巍然屹立。看到这景象，你又想到了哪些词？（孤独、荒凉……）

带着你的感受读一读这句诗。

（4）小结：这两句诗描写了西北边陲山川的雄伟气势，勾勒出这个边防重镇的地理形势，也突出了戍边士卒的荒凉境遇。看到这样的景象，对戍边士卒的同情之心油然而起。

3.寻"事"，悟"情"

（1）作者刻画了一个典型的环境，渲染气氛。然后笔锋一转，写——（读）羌笛何须怨杨柳，春风不度玉门关。

你读出这两句诗所讲述的事情了吗？（指名说）

（2）古人喜欢折杨柳枝送别，柳树的"柳"和留别的"留"谐音。《折杨柳》就是古代送别的曲子。想一想，战士们吹这首曲子时，眼前会浮现什么样的情景呢？

（3）引读诗句，体会情感。"羌笛何须怨杨柳"，这曲子在"埋怨"什么？——（读）春风不度玉门关。边陲小城如此偏远、如此荒凉，没有一点生气，仿佛春天从不曾来过。将士们常年驻守边关，可朝廷却对他们不闻不问，这幽怨的笛声表现的更是将士们对朝廷的不满。再读诗句。

（4）作者写将士们吹《折杨柳》这件事想表达怎样的思想主题？（表现将士离家在外的孤独和对家人的思念、对朝廷的不满）

4.引导学生梳理品味古诗的方法

所见之景	所想之事	情感
黄河、孤城、高山	春风不度	思念家人

5.小结

抓住特别的事，表达独特的情感。作者选取了军中生活的一件小事，表达了将士们对家乡、对亲人的思念之情。

设计意图：聚焦《凉州词二首·其一》（王之涣），在学生读通读顺的基础上，引导学生关注诗中的"景"与"事"，品味景物的意象，感悟诗人叙事所表达的情感主题。

（三）自读《出塞》《从军行》，探寻诗中"景""事""情"的关联

1. 自读《出塞》《从军行》

自学要求：

（1）自读古诗，借助注释、译文理解诗意。

（2）填写学习单。

（3）想想诗中的"景""事""情"与作者想表达的主题之间的关系（表1）。

表1

篇目	景	事	情
《出塞》			
《从军行》			

2. 学生自学，完成学习单

（略）

3. 分享交流

（1）小组内交流。

（2）全班交流《出塞》。

结合学习单，说说这首诗描写了怎样的景象，看到这样的景象脑海中出现的词语、想到的事。

诗中的"飞将"是指西汉著名将领李广，他骁勇善战，多次抗击匈奴，所到之处无不令匈奴人丧胆。作者把征战几乎无人回与李将军骁勇善战联系在一起，想表达什么呢？

倘若有李将军这样的良将在怎会有这样的情景——（读）秦时明月汉时关，万里长征人未还。要是朝廷能起用像李将军这样的良将该多好啊！——（读）但使龙城飞将在，不教胡马度阴山。

（3）全班交流《从军行》。

（4）在这首诗中，作者想表达怎样的情感？

小结：尽管环境恶劣，境况艰险，但将士们保家卫国，誓把侵犯者赶走的决心是如此的坚定！一起再来读读这首诗。

4. 统整认识

对比两首诗，同学们对边塞诗有什么新发现？

学生交流。

小结：

很多边塞诗都有直接对景物的描写，有的展现边塞风光的雄奇、壮丽与荒凉，有的反映边疆将士生活条件的恶劣、艰苦，作者由"景"联想到不同的"事"，融情于景，表达了多样的情感，让边塞诗有了不同的思想主题。

设计意图：引导学生通过比较阅读，发现边塞诗融情于景的特点，发现诗中叙述的不同事件表达的情感主题各不相同。

5. 补充阅读

诗人王翰的《凉州词二首·其一》同样脍炙人口，我们来看看这首边塞诗和前面几首诗有什么不同。

（1）借助注释、译文自学古诗。

（2）说说这首诗表达了怎样的情感。

（3）这首诗在表现手法上与前几首有什么不同？

（4）小结：前三首诗先写景，再由景叙事，由所见到所想，表达了诗人不同的思想感情。而王翰的《凉州词二首·其一》直接叙事，描绘一场盛宴，刻画了一个豪放、开朗、不畏生死的将军形象，展现了边疆将士英勇善战、为国捐躯的豪情壮志。

设计意图：通过这四首诗的学习，从整体上去探究诗中"事"与"情"的关联，引导学生从事件的角度体会诗人多样的情感，梳理出边塞诗多样的情感主题。

（四）总结升华

把这四首诗放在一起看，每首诗都能读出事件，不同的事件反映出来的情感各不相同：有对家乡、亲人的思念，有边疆将士忠心报国、英勇战斗的慷慨心声，有对朝廷不满的倾诉……同样是写边塞，却因事件角度不同，表现了多样的情感，叙事传情，情随事变，这正是边塞诗的魅力。

读古诗，找春天

四川省成都市锦西外国语实验小学　赵惠芸

适合年级：四年级

学习文本：

1. 咏柳
〔唐〕贺知章

碧玉①妆②成一树③高，万条垂下绿丝绦④。
不知细叶谁裁⑤出，二月春风似⑥剪刀。

注释：

①碧玉：碧绿色的玉。这里用来比喻春天嫩绿的柳叶。②妆：装饰，打扮。③一树：满树。一，满，全。在中国古典诗词和文章中，数量词在使用中并不一定表示确切的数量。下一句的"万"，就是表示很多的意思。④绦（tāo）：用丝编成的绳带。这里指像丝带一样的柳条。⑤裁：裁剪。⑥似：如同，好像。

2. 早春呈①水部张十八员外②
〔唐〕韩愈

天街③小雨润如酥④，草色遥看近却无。
最是⑤一年春好处⑥，绝胜⑦烟柳满皇都⑧。

注释：

①呈：恭敬地送给。②水部张十八员外：指张籍，唐代诗人。在同族兄弟中排行第十八，曾任水部员外郎。③天街：京城街道。④润如酥：细腻如酥。酥，动物的油，这里形容春雨的细腻。⑤最是：正是。⑥处：时。⑦绝胜：远

远胜过。⑧皇都:帝都,这里指长安。

3. 绝句二首·其一
〔唐〕杜甫

迟日①江山丽,春风花草香。
泥融②飞燕子,沙暖睡鸳鸯③。

注释:

①迟日:春天日渐长,所以说迟日。②泥融:这里指泥土滋润、湿润。③鸳鸯:一种水鸟,通常雌鸟和雄鸟双双出没。

【议题解析】

这节群文教学的议题是"读古诗,找春天",一共选取了《咏柳》《早春呈水部张十八员外》《绝句二首·其一》三首古诗。《咏柳》通过柳树的变化发现春天;《早春呈水部张十八员外》通过春雨润物、草芽新生发现春天;《绝句二首·其一》在春风春雨的呼唤中,欣赏燕子和鸳鸯享受春天的闲适与生机。

首先,这三首诗都是描写春天,这是将这三首诗组合在一起教学的首要原因。我们可以通过教学让学生通过读古诗去发现藏在不同的古诗中的春天,去积累描写春天的诗句。透过"碧玉妆成一树高,万条垂下绿丝绦""天街小雨润如酥,草色遥看近却无""泥融飞燕子,沙暖睡鸳鸯"这些诗句,去体会春天的美丽。

其次,这三首诗在描写春天时各有特点。《咏柳》描写春天里柳树的特点,诗人抓住"柳"的特点来描写春天。《早春呈水部张十八员外》通过写早春的雨和草来描写春天。这两首诗都是抓住一两件事物来描写春天,由点到面。《绝句二首·其一》中描写的事物比较丰富,让我们读出了一个五彩缤纷的春天。三首诗各有侧重点,但又都有画面感。所以,在设计教学的时候,要引导学生将诗与画结合起来,赏析品读,感受春天。

在设计本节课的教学时,主要通过比对统整教学。将《咏柳》和《早春呈水部张十八员外》一起学习,寻找相同点。然后再将《绝句二首·其一》和这两首诗进行比较,寻找不同点。在对比学习中不断发现、不断统整,将整堂课结构化,使课堂内容丰富、结构清晰。

【教学目标】

（1）通过多种方式朗读古诗，感受三首诗表达的春天气息。

（2）诵读感悟，想象画面，体会几首古诗所描写的不同的春天。

（3）对比朗读三首古诗，找出几首古诗的相同之处与不同之处。

（4）通过比、对、读、议，用结构化的方式统整三首诗，提升学生学习古诗的能力。

【教学重点】

（1）掌握学习古诗的方法，能够举一反三地学习古诗。

（2）通过对比朗读古诗，发现几首古诗的异同点。

【教学难点】

通过比、对、读、议，用结构化的方式统整三首古诗。

【教学准备】

课件、古诗资料单、学习单。

【教学时间】

40~60分钟。

【教学过程】

导入《咏柳》：课前谈话，热身。

小结：

师：同学们，通过看图猜古诗这个游戏，我们发现诗与画是不分家的。看到图，我们就能想到一句诗，这叫画中有诗。那么，读到诗句，我们头脑中也会浮现出画面，这叫——（生说：诗中有画）。这节课，老师就和大家一起走进春天的诗与画。（板书课题：读古诗，找春天）

（一）走进《咏柳》，建立诗与画的联系

1. 读古诗

（1）指名读。

（2）齐读。

2. 想画面

（1）聚焦柳树。

师：同学们，这首诗主要在写什么？

（2）诗与画建立联系。

如果让你给《咏柳》这首诗配一幅画，你会画一棵什么样的柳树？为什么？静静地想一想。

（3）汇报交流。

① 高高的柳树——为什么要画得高大？

② 绿绿的柳树——说说你的理由。

③ 茂盛的柳树——你从哪里读出这棵柳树茂盛？

④ 柳条摆动——为什么要画得有动感？

⑤ 细细的柳叶——为什么这样画？

3. 小结

师：同学们，不同的季节都能看到柳树。这首诗中描写的是什么季节的柳树？（板书：春）我们读着读着，读出了一幅图画（板书：图），名字叫——春柳图。原来，诗人贺知章笔下的春天就藏在这棵嫩绿轻柔、高大繁茂的柳树上！

4. 齐读古诗

（略）

（二）学习《早春呈水部张十八员外》

1. 读古诗

（1）读题目。

（2）读作者。

（3）读全诗。

① 自读、读准确。

② 指名读。

③ 全班读。

④ 多种方式练习朗读。

（4）知诗意。

2. 想画面

（1）整体感知，给图取名。

如果让你给这首诗也配一幅图，你给它取什么名呢？

（2）听古诗、想画面、配图。

师：这幅春雨春草图怎么画呢？（指名朗读，其他同学闭上眼睛，一边听同学朗读,一边想象画面。)

师:同学们,拿起你的笔,在学习单上画下刚才想到的画面。

(3)交流汇报。

3. 小结,找春天

师:如果说贺知章笔下的春天藏在柳树上,那这首诗中的春天又在哪里?

4. 齐读古诗

(略)

(三)对比《咏柳》和《早春呈水部张十八员外》,找相同

1. 聚焦两首诗,提出问题

比较一下:这两首诗在描写春天时有哪些相同之处?

2. 反馈

(1)都抓住了春天具有代表性的事物描写春天。

(2)都用了比喻的修辞手法。

(3)都有看到的和想到的。

3. 小结统整

(略)

(四)对比学习《绝句二首·其一》,找不同

1. 四人小组合作找不同

师:还有一首古诗,它里面也有春天,大家看看这首诗描写的春天和我们刚才学习的两首诗描写的春天有什么不同呢?请同学们四人一组,合作找一找,看看哪一组找不同找得多。

2. 反馈

(1)前两首诗描写的对象是植物,这首诗除了描写植物,还描写小动物。

(2)前两首诗只抓住春天具有代表性的事物描写春天,这首诗描写了很多事物。

(3)前两首诗用了比喻的手法,这首诗用了对偶的手法。

(4)感官不同。

(5)所描写的春天不同。

师:同学们,如果给这首诗配一幅图画,你会画什么?

3. 齐读古诗

（略）

（五）统整扣题

1. 统整内容

贺知章笔下的春天如柳树般嫩绿、轻柔，读——碧玉妆成一树高，万条垂下绿丝绦。

韩愈笔下的春天如春雨般细腻、春草般娇嫩，读——天街小雨润如酥，草色遥看近却无。

杜甫的《绝句二首·其一》，带我们走进了满园春色，读——迟日……鸳鸯。

画中的春天是可以看到的，而诗人笔下的春天不仅可以看到，还可以闻到、听到，也可以触摸到。这就是语言文字的魅力！古诗的魅力！

瞧——

　　草长莺飞二月天，拂堤杨柳醉春烟。（《村居》）

　　西塞山前白鹭飞，桃花流水鳜鱼肥。（《渔歌子》）

　　几处早莺争暖树，谁家新燕啄春泥。（《钱塘湖春行》）

　　等闲识得东风面，万紫千红总是春。（《春日》）

2. 拓展学法

师：古诗中有春天，古诗中也有夏天，还会有秋天，也会有冬天。我们还可以用今天学习古诗的方法，读古诗——生：找夏天；读古诗——生：找秋天；还可以读古诗——生：找冬天。

这节课咱们就上到这里。下课！

画诗景，话诗情

成都市人北小学华侨城校区　程　琦

适合年级：六年级

学习文本：

1. 宿建德江①

〔唐〕孟浩然

移舟②泊③烟渚④，日暮客⑤愁⑥新。
野⑦旷⑧天低树⑨，江清月近人⑩。

注释：

①建德江：指新安江流经建德（今属浙江）西部的一段江水。②移舟：划动小船。③泊：停船靠岸。④烟渚（zhǔ）：指江中雾气笼罩的小沙洲。烟，一作"幽"。渚，水中小块陆地。⑤客：指作者自己。⑥愁：为思乡而忧思不已。⑦野：原野。⑧旷：空阔远大。⑨天低树：天幕低垂，好像和树木相连。⑩月近人：倒映在水中的月亮好像和人相亲相近。

2. 枫桥①夜泊②

〔唐〕张继

月落乌啼③霜满天④，江枫⑤渔火⑥对愁眠⑦。
姑苏⑧城外寒山寺⑨，夜半钟声到客船。

注释：

①枫桥：在今江苏省苏州市虎丘区枫桥街道阊门外。②夜泊：夜间把船停

靠在岸边。③乌啼：一说为乌鸦啼鸣，一说为乌啼镇。④霜满天：空气极冷的形象语。霜不可能满天，这个"霜"字应当理解为严寒。⑤江枫：一般解释作"江边枫树"，江指吴淞江，源自太湖，流经上海，汇入长江，俗称苏州河。⑥渔火：通常解释，"渔火"就是渔船上的灯火，也有说"渔火"实际上就是一同打鱼的伙伴。⑦对愁眠：伴愁眠之意，此句把"江枫"和"渔火"二词拟人化。但是后世有不解诗的人，怀疑江枫渔火怎么能对愁眠，于是附会出一种讲法，说愁眠是寒山寺对面的山名。⑧姑苏：苏州的别称，因城西南有姑苏山而得名。⑨寒山寺：在枫桥附近，始建于南朝梁代。相传因唐代僧人寒山、拾得曾住此而得名。

3. 江畔①独步寻花②·其六
〔唐〕杜甫

黄四娘③家花满蹊④，千朵万朵压枝低。
留连⑤戏蝶时时舞，自在⑥娇⑦莺恰恰⑧啼⑨。

注释：

①江畔：江边。②独步寻花：独自一人一边散步，一边找花欣赏。③黄四娘：杜甫住成都草堂时的邻居。④蹊（xī）：小路。⑤留连：同"流连"，即留恋，舍不得离去。该诗句用来形容蝴蝶在花丛中飞来飞去，恋恋不舍的样子。⑥自在：自由，无拘无束。⑦娇：可爱的。⑧恰恰：形容鸟叫声音和谐动听。⑨啼：（某些鸟兽）叫。

4. 题都①城南庄
〔唐〕崔护

去年今日此门中，人面②桃花相映红。
人面不知何处去③，桃花依旧笑④春风。

注释：

①都：国都，指唐朝京城长安。②人面：指姑娘的脸。第三句中"人面"指代姑娘。③不知：一作"秖（zhǐ）今"。去：一作"在"。④笑：形容桃花盛开的样子。

【议题解析】

借景抒情是一个古老且经典的写作手法。本课以"把古诗想象成一幅画，通过具象感知景物的颜色、温度、声音等，进而体会诗人创作时的情感"为议题进行了"1+X"的群文古诗教学，帮助学生通过对群诗的学习，加深对这一方法的理解和实践。《宿建德江》是部编版教材六年级上册中的一首诗，以此诗为"1"，寻找景物后，借用一段美术微课搭桥，启发学生发现诗中的颜色、温度，层层铺设，使文字逐渐变得立体。借用表格统整，让学生发现冷暖色、冷暖温与作者表达情感之间的规律。取得第一层次的突破后，引入《枫桥夜泊》，引导学生发现声音元素也能丰富诗歌的表达。有了第二层次的进展后，不急于进入下一首诗，而是掉转方向，重返《宿建德江》，对于没有直接描写声音的诗歌，运用想象补充这一元素，加深对诗人情感的理解，感同身受。对方法的理解有了推进，是否意味着能够运用了呢？《江畔独步寻花·其六》丰富的色彩、声音、温度的构成，给了学生自己去发现、体味、实践的空间。在这首诗的学习中，教师在"撤退"，学生在成长。如果在第四层次中，学生已经能够熟练运用冷暖色彩、冷暖声音来正向理解诗人情感，那么《题都城南庄》的出现，又为学生打开了更宽的视野：在表达情感时，冷暖色调也可"反串"，反衬方法的运用激发学生产生新的认知。四首诗以"1+X"的形式次第出现，至少五次结构化的处理，帮助学生加深了对议题的理解和实践。

【教学目标】

（1）诵读四首古诗。

（2）在诵读古诗中，启发学生打通感官，通过颜色、温度、声音等构建画面，在多次对比中体会古诗中景物对情感的烘托与反衬。

【教学重难点】

在阅读古诗中，启发学生打通感官，通过颜色、温度、声音等构建画面，在多次对比中体会古诗中景物对情感的烘托与反衬。

【教学过程】

暖场：

（1）看字（"禾""口""王"）猜老师的姓。

（2）程老师的"程"能让你想到哪些成语？

（3）"程"也有路的意思，程老师特别喜欢旅行，因为路上的美景如诗如画。

（4）看画面说诗句：引导学生关注"色""温""声"。

（5）引出课题。

（一）《宿建德江》

1. 读

齐读诗。

2. 第一层次：寻景

（1）作者在围绕哪个字表达他的情感呢？找找看。（愁）

（2）你能发现哪些表现愁绪的景物呢？读一读，圈一圈。

（3）小结：寻常景也能表达诗人的情感。

3. 第二层次：涂色

（1）（微课展示）在画面中，怎样做到色调和情感的统一呢？下面有请我们人北小学的美术老师——杜老师来给大家聊聊这个话题。

（2）根据诗人的情感为画中的一个景添上色彩。

（3）你为哪个景添上了什么颜色？

（4）大家涂的颜色有什么相同之处？

（5）小结：色调和情感表达一致。

4. 第三层次：温度

（1）把画面变得更立体，走进去，摸一摸这些景物，从整幅画里你摸到了怎样的温度？

（2）读诗。

（3）哪些景冷？

（4）有没有暖景？

（5）小结：暖反衬出环境的冷，让画面更加具象。

5. 统整表格，总结学法

（1）统整表格：你发现了什么规律？（表1）

表1

诗	景	色	温	声	情
《宿建德江》					

（2）小结：一首诗就是一幅画，读诗联想画面，画中的色彩和温度能让我们更真切地感受诗人的情感。

（二）"X"：《宿建德江》《枫桥夜泊》《江畔独步寻花·其六》《题都城南庄》

1. 学法运用：完成任务单，收获新发现

（1）就用我们刚发现的这个方法，再来读另一首诗——《枫桥夜泊》。

（2）请一名同学来读"任务提示"。

（3）汇报，小结：收获新发现——声音。（表2）

表2

诗	景	色	温	声（新发现）	情
《宿建德江》					

2. 用新发现完善前面的学习

（1）张继在《枫桥夜泊》中写到了声音，而孟浩然在《宿建德江》中并没有直接写声音，让我们走进画里再去听一听。

（2）这样一来，我们刚才发现的规律有没有需要补充的地方？

（3）小结：从第一首诗中总结方法，帮助我们学习第二首诗，第二首诗的发现，又帮助我们完善了第一首诗的学习，这是单学一首诗做不到的。

过渡：下面，用我们2.0版本的方法来学习《江畔独步寻花·其六》。

3.《江畔独步寻花·其六》

（1）在这首诗里，杜甫没有直接写自己的心情，但我们能不能从诗中景找到线索?

（2）提供诗人的创作背景,印证。

（3）小结:景物让读者更顺利地体会诗人情感。

4.《题都城南庄》

（1）接下来让我们看这两个意象——桃花、春风。桃花什么颜色?春风什么温度?由桃花和春风构成的画面里,你能听到什么声音?

（2）在这样的环境中,诗人的心情如何?

（3）在这首诗里,诗人的心情是什么样的呢?

（4）小结:景物加倍表现诗人的失落。

（三）总结全课

（1）表格统整,发现规律:景物能烘托情感,也能反衬情感。（表3）

表3

诗	景	情
《宿建德江》	冷色彩 冷温度 哀愁声	愁
《枫桥夜泊》		愁
《江畔独步寻花·其六》	暖色彩 暖温度 喜悦声	喜
《题都城南庄》		愁

（2）结课:一首诗就像一幅画,今天我们用画中景物的色彩、温度和声音更贴近了诗人创作时的心情,体会到诗人情绪的种子,在环境中萌芽。

一轮明月，几多情思

成都市新都区锦门小学　范小娟

适合年级：六年级

学习文本：

1. 山居秋暝①

〔唐〕王维

空山②新③雨后，天气晚来秋。
明月松间照，清泉石上流。
竹喧④归浣女⑤，莲动下渔舟。
随意春芳⑥歇⑦，王孙⑧自可留⑨。

注释：

①暝（míng）：日落，天色将晚。②空山：空旷，空寂的山野。③新：刚刚。④竹喧：竹林中笑语喧哗。喧，喧哗，这里指竹叶发出沙沙的声响。⑤浣（huàn）女：洗衣服的姑娘。浣，洗涤衣物。⑥春芳：春天的花草。⑦歇：消散，消失。⑧王孙：原指贵族子弟，后来也泛指隐居的人。⑨留：居。

2. 暮江吟①

〔唐〕白居易

一道残阳②铺水中，半江瑟瑟③半江红。
可怜④九月初三⑤夜，露似真珠⑥月似弓⑦。

注释：

①暮江吟：黄昏时分在江边所作的诗。吟，古代一种诗体。②残阳：落山

的太阳。③瑟瑟：原意为碧色珍宝，此处指碧绿色。④可怜：可爱。⑤九月初三：农历九月初三。⑥真珠：即珍珠。⑦月似弓：上弦月，其弯如弓。

3. 月夜忆舍弟①

〔唐〕杜甫

戍鼓②断人行③，边秋④一雁声。
露从今夜白⑤，月是故乡明。
有弟皆分散，无家问死生⑥。
寄书长⑦不达⑧，况乃⑨未休兵⑩。

注释：

①舍弟：谦称自己的弟弟。②戍鼓：戍楼上的更鼓。戍，驻防。③断人行：指鼓声响起后，就开始宵禁。④边秋：一作"秋边"，秋天的边地，边塞的秋天。⑤露从今夜白：指在二十四节气之一的"白露"的一个夜晚。⑥有弟皆分散，无家问死生：弟兄分散，家园无存，互相间都无从得知生死的消息。⑦长：一直，老是。⑧达：到。⑨况乃：何况是。⑩未休兵：战争还没有结束。

4. 出塞

〔唐〕王昌龄

秦时明月汉时关，万里长征人未还。
但使①龙城②飞将③在，不教胡马度阴山④。

注释：

①但使：只要。②龙城：唐代的卢龙城，是匈奴祭天集会的地方，在今河北省喜峰口一带。③飞将：指汉朝名将李广，匈奴畏惧他的神勇，特称他为"飞将军"。④阴山：昆仑山的北支，起自河套西北，横贯绥远、察哈尔及热河北部，是我国北方的屏障。

【议题解析】

在中国古诗词中，"月"是一个出现频率极高的审美意象。皓月当空，长风拂面本是自然景象，但经诗人的妙笔生花，便成为诗中一道亮丽的风景——明月寄情。指导学生抓住诗人笔下的月亮的特点，体会诗人借月亮表达情感的方法。人有悲欢离合，月有阴晴圆缺，引导学生从不同的角度感受月亮的不同，层层深入地体会作者的感情。

首先通过读，让学生发现借月亮抒发情感的中国古诗词极多，从而激发学生探究与月亮有关的古诗的兴趣。接着比对前两首古诗，寻找月亮、发现情感。在恬淡、闲适、乐观豁达的人眼里，月亮是清幽雅致、悠闲自在的代名词。诗人常借用月亮来渲染清幽气氛，烘托悠闲自在、超脱旷达的情怀。通过两组诗的对比，让学生感悟它们共同的情感。最后比对后两首诗，通过师生交流，指导朗读，体会诗人借月亮表达思乡怀人之情。

通过对四首诗的比、读、议，让学生发现中国古代诗人在同一轮明月中所寄托的不同情愫，从而体会中国古诗词的精髓。

【教学目标】

（1）指导学生抓住诗人笔下月亮的特点，体会诗人借月亮表达情感的方法。

（2）指导学生深入理解诗人的情感，并有感情地朗读古诗。

（3）指导学生通过学习积累有关月亮的古诗，领略古诗词文化的精髓。

【教学重点】

（1）通过阅读探究，学生能从不同的角度感受到月亮的不同，层层深入地体会作者的感情。

（2）通过比、读、议感知以月渲染情怀、以月思乡怀人之情。

（3）指导学生在理解的基础上有感情地朗读古诗。

【教学难点】

引导学生层层深入地体会诗人的情感。

【教学准备】

学生：课前阅读。

教师：PPT。

【教学时间】

40分钟。

【教学内容】

（一）初步交流，出示议题

1. 谈话

同学们，今天这节课，老师要和大家一起学习一组古诗。通过课前阅读，同学们对四首古诗的字音、诗意还有什么疑问吗？

2. 请学生朗读，正音

看来大家的课前预习都完成得不错。

现在，我请几名同学来朗读古诗，请你们尽量读得正确、流利。

师：通过朗读，你们发现这些古诗的内容有一个什么共同点？

（都和月亮有关）

3. 过渡

在中国古诗词中，"月"是一个出现频率极高的审美意象。皓月当空，长风拂面本是自然景象，但经诗人的妙笔生花，便成为诗中一道亮丽的风景——明月寄情。（板书：明月寄情）

4. 出示议题

人有悲欢离合，月有阴晴圆缺。不同的月亮寄托了诗人不同的情感。（板书：不同月亮，不同情感）接下来，我们就透过月亮来体会诗人的内心。

设计意图：通过朗读，让学生发现借月亮抒发情感的中国古诗词极多，从而激发学生探究与月亮有关的古诗的兴趣。

（二）阅读探究，指导朗读

1. 自主阅读前两首诗，感知诗人以月渲染，烘托不同情怀（表1）

表1

古诗名	什么样的月亮	寄托什么样的情感

（1）寻找月亮。

用笔勾画出每首古诗中直接描写月亮的诗句。

根据勾画出的诗句在下面批注：这是（　　　）的月亮。

（2）品读月亮。

根据批注，读出你心中月亮的形象！

读给同桌听一听。

（3）品读展示。

表达要求：我勾画的是_____（古诗名）这首诗中的_____（诗句），我感受到这是_____（什么样）的月亮。

例：我勾画的是《静夜思》这首诗中的"床前明月光"，我感受到这是一轮月光皎洁的月亮。

（板书：以月渲染，烘托情怀）

设计意图：通过两组诗的比对，感悟诗人依托月亮表达的共同的情感。

2. 阅读后两首诗，感知以月寄思、思乡怀人

指导学生理解、朗读《月夜忆舍弟》。

（1）感受不一样的月亮。

① 结合整首古诗，补充：这是（　　　）的月亮。

提示：可以从诗人观月的时间、地点、角度、季节、心情等方面补充。

② 师生交流，指导朗读。

这是相隔千里却共同思念之月！

这是寄托了思念之情的月亮！

（2）体会不一样的情感。

① 根据批注，结合古诗意思，体会作者的情感。填写"寄托了诗人思乡怀人之情"。

② 朗读古诗，读出你的理解。

3. 合作阅读，感悟"月亮"

小组合作阅读王昌龄的《出塞》。

表达要求：这是（　　　）的月亮，寄托了诗人（　　　）的情感。

（1）用刚才学到的方法，从月亮入手，深入理解古诗，体会诗人情感。

（2）练习有感情地朗读古诗。

（3）小组完成并展示。（表1）

（相机完善板书：以月寄思，思乡怀人）

设计意图：以月寄思、思乡怀人是常用的借月亮抒情的方式，学生在比对中比较容易能体会出诗人的情感。

4. 激情诵读，积累古诗

（1）大声地、有感情地朗读古诗。

（2）尝试把古诗背下来。

（3）诵读展示。

（三）课堂总结，课外延伸

这节课，我们感知了同样一轮月亮，因为情境不同、心境不同而寄托了诗人不同的情感。月亮在中国古诗词中还有很多别样的风采、别样的韵味，请同学们在课外寻找更多有关月亮的古诗，继续阅读、继续感悟。

从诗词中"笑"看人生

成都市浣花小学　樊晓莉

适合年级：六年级

学习文本：

1. 责子

〔魏晋〕陶渊明

白发被两鬓，肌肤不复实。
虽有五男儿①，总不好纸笔。
阿舒已二八，懒惰故无匹。
阿宣行志学，而不爱文术。
雍端年十三，不识六与七。
通子垂九龄，但觅梨与栗。
天运苟如此，且进杯中物②。

注释：

①五男儿：陶渊明有五个儿子，小名分别叫舒、宣、雍、端、通。这首诗中皆称小名。②杯中物：指酒。

2. 六月二十日夜渡海（节选）

〔宋〕苏轼

空余鲁叟①乘桴②意，粗识轩辕奏乐声。
九死南荒吾不恨，兹游③奇绝冠平生。

注释：

①鲁叟：指孔子。②乘桴（fú）：乘船。桴，小筏子。③兹游：这次海南游历，实指贬谪海南。

3. 戏赠①杜甫

〔唐〕李白

饭颗山头逢杜甫，顶戴笠子日卓午②。
借问别来太瘦生③，总为从前作诗苦。

注释：

①戏赠：开玩笑的话。②日卓午：指正午太阳当顶。③太瘦生：消瘦、瘦弱。

4. 西江月·遣兴①

〔宋〕辛弃疾

醉里且贪欢笑，要愁那得工夫。近来始觉古人书，信著全无是处。
昨夜松边醉倒，问松我醉何如。只疑松动要来扶，以手推松曰去。

注释：

①遣兴：遣发意兴，抒写意兴。

【议题解析】

古代的诗人常常用幽默诗词来表达自己的观点、抒发自己的情感，这不仅是诗歌的至高境界，也是他们人生的至高境界。因此，我选择了一组幽默诙谐的诗词。

《责子》这首诗中，陶渊明用戏谑之笔表达父亲对孩子们的慈爱之情。儿子的缺点都被夸大和漫画化了，体现了陶渊明的舐犊情深。

《六月二十日夜渡海》（节选）这首诗中，诗人回顾了被流放到海南的经历，表现了他北归的兴奋之情，说明了诗人九死不悔、坚强自信、旷达豪放的襟怀。

《戏赠杜甫》中，李问杜答——"借问别来太瘦生，总为从前作诗苦"，生动诙谐地塑造了杜甫苦心作诗的形象，体现了李白与杜甫之间的真挚友谊。

在《西江月·遣兴》中，词人描写了自己的醉中情态，也抒发了自己怀才不遇、壮志难酬的伤感和愤慨，表现出词人耿介、旷达的性格。

　　这个议题中，既有对文笔的解读，引导学生在生活中尝试用幽默的词句进行自我表达，也有对人生态度的传承，古人积极向上的人生态度在当今社会也亟须学生去感受和领悟，为以后形成正确的人生观、价值观做好铺垫。

【教学目标】

（1）能抓住关键词句，品味诗歌风趣幽默的语言特点。

（2）能联系阅读材料，分析诗歌的创作背景，了解诗人的人生经历，感受诗人的人生态度。

（3）能通过梳理表格，在对比中形成结构化认知，初步树立积极乐观的人生观。

【教学重难点】

通过梳理表格，在对比中形成结构化认知，初步树立积极乐观的人生观。

【教学时间】

40分钟。

【教学过程】

（一）单篇引领，初读感知

（1）播放歌曲《最近比较烦》选段，说一说歌者在烦什么。（最近比较烦，比较烦，比较烦，女儿说六加六，结果等于十三，我问老段说怎么办？他说，基本上这个很难。）

（2）其实，不仅歌者有烦恼，田园诗的开山鼻祖陶渊明也有。不信，咱们来看看他写的一首诗吧！

（3）出示《责子》，提出问题，进行感知。

① 出示"白发被两鬓，肌肤不复实。虽有五男儿，总不好纸笔"，提问：陶渊明在烦恼忧愁些什么呢？（人老了，后代也不争气。）

② 竟然能把陶渊明气到写出《责子》一诗，那他的后代到底有多不争气呢？你能从诗歌中找出些蛛丝马迹吗？

③ 陶渊明又是何以解忧的呢？你是从哪些诗句看出来的呢？（以酒解愁——天运苟如此，且进杯中物。）

④ 诗人解忧的途径和方式是什么呢？（喝酒、写诗、戏谑调侃自己的孩子）

设计意图：以歌曲导入，从身边的人和事展开谈话，拉近师生间的距离，激发学生的学习欲望。

（二）群文共读，集体构建

1. 出示自学提示：自读古诗，完成以下学习任务

（1）诗人在愁什么？诗人为谁而烦忧呢？

（2）诗人是何以解忧的？你是从哪些诗句看出来的？

（3）诗人解忧的途径和方式是什么呢？

2. 汇报交流

预设：

（1）多种方式诵读古诗词，相机纠正字音。

（2）《六月二十日夜渡海》（节选）：①陶渊明因为自己不争气的后代而愁，那苏轼又是为了什么而愁呢？我们可以尝试着找出答案。②为什么诗人会发出"九死南荒吾不恨，兹游奇绝冠平生"的感叹呢？

（3）《戏赠杜甫》：①为什么李白会用"总为从前作诗苦"来逗趣呢？②李白和杜甫作诗的特点有什么不一样的地方呢？

（4）《西江月·遣兴》：①喝醉的辛弃疾做了什么？②最后辛弃疾为什么偏要和青松展开对话呢？

设计意图：在单篇的示范解读下，通过三个问题串联起多篇诗词的学习，抓住"愁"一字，带出"何以解忧"和"解忧途径"，为理解诗人的人生态度埋下伏笔。

（三）梳理信息，统整新知

1. 根据学生的回答梳理成表格，对比异同点

请学生思考：通过横向和纵向的对比，再联系此次群文阅读的议题，说一说你发现了什么。（表1）

表1

诗词	作者	烦恼忧愁	何以解忧	解忧途径
《责子》	陶渊明	为后代——不思进取	以酒解忧	写诗——戏谑调侃
《六月二十日夜渡海》（节选）	苏轼	为自己——被贬谪流放	以游解忧	写诗——夸张感叹
《戏赠杜甫》	李白	为朋友——消瘦憔悴	以言解忧	写诗——逗趣玩笑
《西江月·遣兴》	辛弃疾	为自己——壮志难酬 为家国——软弱可欺	以酒解忧	写词——醉中抒愁

预设：

（1）古往今来，世人都挣脱不了"烦恼忧愁"一词，从呱呱坠地到成家立业再到年老体衰，或为自己，或为他人，或为家国。

（2）为何诗人会有这些解忧的方式或途径？（正是由于拥有洒脱的个性、广博的胸怀、高远的境界，诗人才能在起起伏伏中用幽默的文笔照亮生活，用豁达的态度笑看人生）。

2. 交流延伸

你从诗人身上学到怎么面对人生的忧愁了吗？

小结：希望同学们在以后的人生路上，拥有洒脱的个性、广博的胸怀和高远的境界，无论顺境还是逆境都能用幽默的文笔照亮生活，用豁达的态度笑看人生，将生活过成一首首"幽默"的诗。

设计意图：通过表格分析零碎的信息，帮助学生梳理本次群文阅读古诗词教学所得，用结构化、序列化的结论帮助学生初步树立积极向上的人生观。

春雨亦多情

四川省自贡市育才小学　宋宝平　周帮萍

适合年级：六年级

学习文本：

1. 春夜喜雨
〔唐〕杜甫

好雨知时节，当春乃发生。
随风潜①入夜，润物细无声。
野径云俱黑，江船火独明。
晓看红湿处②，花重锦官城③。

注释：

①潜（qián）：暗暗地，悄悄地。这里指春雨在夜里悄悄地随风而至。②红湿处：雨水湿润的花丛。③锦官城：成都的别称。

2. 绝句
〔宋〕志南

古木阴中系①短篷②，杖藜③扶我过桥东。
沾衣欲湿杏花雨，吹面不寒杨柳风。

注释：

①系（xì）：拴。②短篷：小船。篷是船帆，船的代称。③杖藜："藜杖"的倒文。藜是一年生草本植物，茎秆直立，长老了可做拐杖。

3. 滁州①西涧②

〔唐〕韦应物

独怜③幽草涧边生，上有黄鹂深树鸣。
春潮带雨晚来急，野渡无人舟自横④。

注释：

①滁州：在今安徽滁州以西。②西涧：在滁州城西，俗名马河。③独怜：唯独喜欢。④自横：指随意漂浮。自，自在、自然。

4. 清明①

〔唐〕杜牧

清明时节雨纷纷，路上行人欲断魂②。
借问③酒家何处有，牧童遥指杏花村。

注释：

①清明：二十四节气之一，在阳历4月4日或5日。旧俗当天有扫墓、踏青、插柳等活动。②断魂：销魂神往。形容一往情深或哀伤。③借问：向别人询问。

【议题解析】

古诗词离学生的生活较远，学习起来有较大的难度。本着贴近学生生活的原则，想到大自然中的春雨是从古就有的，也是学生熟悉的，能引起他们的共鸣；春雨也是美好的：如牛毛，如花针，如细丝，滋润万物，润物无声；诗人笔下的春雨更是多情的：有时让人喜悦，有时让人惬意，有时令人悠闲，有时亦使人忧愁……这将给学生带来别样的感受，确定了"春雨亦多情"的主题，选择了以上四首诗。《春夜喜雨》通过联系作者的生活背景，知作者"喜悦"之情；《绝句》通过诗句的前后联系，晓作者"惬意"之心；《滁州西涧》通过想象诗句画面，悟作者"闲暇"之情；《清明》则通过抓诗眼，明作者"忧愁"之心。通过以一带多、由扶到放的教学方式，引导、组织学生探寻春雨的"喜、趣、闲、愁"，感受作者赋予春雨的别样情怀，学习作者借景抒情、情景交融的写作手法，从而统整出"春雨亦多情"这一主题。

【教学目标】

（1）利用注释、译文等资料读懂古诗。

（2）引导学生在品鉴与交流的过程中，感悟"春雨"在不同的诗人眼中有不同的特点，表达了作者不同的情感。

（3）激励学生领略古诗的魅力，培养学生热爱古诗的美好情感。

【教学重难点】

感悟"春雨"在不同的诗人眼中有不同的特点，表达了作者不同的情感。

【教学准备】

（1）搜集带"雨"字的诗句并熟读成诵。

（2）利用注释、译文等资料自学古诗。

（3）课件、学习单。

【教学过程】

(一)巧设情境引出"雨"

1. 创设情境

师："粗缯大布裹生涯，腹有诗书气自华。"大家好，这里是中国诗词大会育才小学分会现场，我是主持人某某，今天，我们的主题词是"雨"，请大家说出含"雨"字的一联诗。

2. 出口成诗

师：雨是最寻常的，但雨也是不一样的，就让我们跟着老师一起走进雨的世界！

3. 聊雨破题

引读冬雪、秋雨、夏雨的诗句。

(二)师生共学，初识春雨亦有情

1. 联系背景知喜悦，导学《春夜喜雨》

（1）读全诗，知大意。

（2）找"雨"诗，明特点。

在作者眼中，这是一场什么雨？为什么？

预设：好雨。

① 好在善解人意：好雨知时节，当春乃发生。

师：这正如韩愈笔下的——（生读）天街小雨润如酥，草色遥看近却无。

53

师：这"润如酥"的春雨，在该下的时候就下了，真是善解人意——（生读）好雨知时节，当春乃发生。

② 好在默默无闻：随风潜入夜，润物细无声。

③ 好在下得充足：野径云俱黑，江船火独明。晓看红湿处，花重锦官城。

（3）知作者，悟诗情。

这首诗表达了作者怎样的情感呢？

预设：喜悦……

生：题目中的"喜"。

师点拨方法：抓住了全诗的诗眼。

联系杜甫的生活背景，体会他的喜悦之情！

师引读全诗。

2. 小结统整

（1）讨论：你发现了什么？作者眼中的春雨与作者的情感有什么关系？

（2）小结：一场春雨洒到了成都，滋润了大地，润泽了万物，给大地带来了生机，更给杜甫带来了喜悦，原来春雨亦有情！它会让你快乐，给你带来喜悦。

（三）合作学习，感悟春雨也多情

1. 自学提示

（1）读：借助资料读懂诗句。

（2）勾：勾出诗中描写雨的诗句。

（3）写：用一个词概括雨的特点和作者的心情，写在学习单上。

2. 合作学习（表1）

表1

诗题	作者	眼中雨	心中情
《绝句》	志南	趣雨……	惬意……
《滁州西涧》	韦应物	闲雨……	悠闲……
《清明》	杜牧	愁雨……	愁苦……

3. 交流汇报

预设：

1）联系前后晓惬意，交流《绝句》

（1）知作者：志南。

（2）眼中雨：在作者眼中，这是一场趣雨。

指导读：沾衣欲湿杏花雨，吹面不寒杨柳风。

（3）心中情。

① 表达了作者怎样的情感呢？

生：惬意……

读：古木阴中系短篷，杖藜扶我过桥东。

师：你是联系前一句知道的！

读出感情。

② 补充"东"字在古诗词中的特殊含义。（东风专指春风）

（4）齐读全诗。

（5）回扣：春雨亦有情，这里含的是柔情。

2）想象画面悟闲情，交流《滁州西涧》

（1）知作者：韦应物。

（2）眼中雨：在作者眼中，这是一场闲雨。

师：从哪里看得出来？

读：春潮带雨晚来急，野渡无人舟自横。

（3）心中情：表达了作者怎样的情感？

生：悠闲……

师：你能想象一下"舟自横"的画面吗？

（4）学生想象—出示图片—师导画外音—学生想象读。

（5）回扣：春雨亦有情，这里含的是闲情。

3）抓住"诗眼"明忧愁，交流《清明》

（1）知作者：杜牧。

（2）眼中雨：在作者眼中，这是一场愁雨——清明时节雨纷纷，路上行人欲断魂。

师：你从哪里体会到的？

生：欲断魂。

师：你抓住了这个关键词，也就抓住了本诗的诗眼。

生谈感受……

理解："魂""断魂"。

生说—读诗句—谈发现。

寒空漠漠起愁云，玉笛吹残正断魂。故人别久难寻梦，远客愁多易断魂。

（3）心中情：表达了作者怎样的情感？

生：愁苦……

（4）回扣：春雨亦有情，这里含的是愁绪。

（5）情境朗读。

4. 再次统整

（1）这四首诗有什么相同点和不同点？（表2）

表2

诗题	相同点	不同点
《春夜喜雨》	借雨抒情 情景交融	春雨亦多情
《绝句》		
《滁州西涧》		
《清明》		

（2）借物抒情，情景交融。

创设情境统整读。

小结：雨中有情，情中有雨，情景交融，密不可分。看来春雨不仅有情，而且多情。

（3）总结收获。

生：理解古诗可以联系背景、联系前后、想象画面，还可以抓关键词……

（四）拓展延伸，探究春雨更深情

搜集两首描写春雨的其他诗篇，感悟作者的情怀。

盛唐边塞情

四川省攀枝花市仁和区东风小学教育集团　卢海英

适合年级：五年级

学习文本：

1. 凉州词①二首·其一

〔唐〕王之涣

黄河远上白云间，一片孤城②万仞③山。
羌笛④何须怨杨柳，春风不度玉门关。

注释：

①凉州词：为当时流行的一种曲子。②孤城：指孤零零的戍边的城堡。③仞：古代的长度单位，一仞相当于七八尺。④羌笛：羌族的一种乐器。⑤杨柳：指一种叫《折杨柳》的歌曲。

2. 使至塞上（节选）

〔唐〕王维

大漠孤烟直，长河①落日圆。
萧关②逢候骑③，都护④在燕然⑤。

注释：

①长河：一说指流经凉州（今甘肃武威）以北沙漠的一条内陆河，这条河在唐代叫马成河。一说指黄河。②萧关：古关名，又名陇山关，故址在今宁夏固原东南。③候骑：负责侦察、通信的骑兵。④都护：官名，这里指河西节度使。⑤燕然：古山名，即今蒙古国杭爱山。

3. 出塞

〔唐〕王昌龄

秦时明月汉时关，万里长征人未还。
但使①龙城飞将②在，不教③胡马④度阴山⑤。

注释：

①但使：只要。②龙城飞将：汉朝名将李广。这里泛指英勇善战的将领。③不教：不叫，不让。④胡马：这里指匈奴的军队。⑤阴山：位于内蒙古中部及河北北部。

4. 从军行七首·其四

〔唐〕王昌龄

青海①长云暗雪山，孤城②遥望玉门关③。
黄沙百战穿金甲④，不破楼兰⑤终不还。

注释：

①青海：指青海湖。②孤城：当是青海地区的一座城。一说孤城即玉门关。③玉门关：今甘肃敦煌西北小方盘城。④金甲：战衣，金属制的铠甲。⑤楼兰：汉代西域国名，这里泛指当时骚扰西北边疆的敌人。

【议题解析】

边塞诗又称出塞诗，唐代是其发展的黄金时代，它是唐诗中思想性最深刻、想象力最丰富、艺术性最强的一部分。盛唐时期，我国的经济实力在世界上名列前茅，那时候国库里的铜钱多得数不过来，以至于穿铜钱的绳子都断了，但在这样的盛世，仍有许多人生活、驻扎在荒漠无边的塞外。

盛唐边塞诗里融入古代边塞人民对国家和平与小家安宁的向往，融入中国文人以国为家、以身许国、悲壮的家国情怀。因此，我确定了"盛唐边塞情"这个议题，以部编版小学语文五年级下册第四单元《凉州词二首·其一》与《使至塞上》（节选）、《出塞》《从军行七首·其四》四首具有盛唐边塞风格的古诗作为组文。

这四首古诗均有景有情，风格各具特色。其中既能读出边塞风光的大漠孤烟、流沙似金、风月无边的景象——"黄河远上白云间，一片孤城万仞山""大漠孤烟直，长河落日圆"，也能感受戍边将士生活的艰苦——"羌笛何须怨杨柳，春风不度玉门关"；既有战争带给人民的灾难和痛苦——"秦时明月汉时关，万里长征人未还"，也有为国家平安、人民幸福叱咤疆场、奋勇杀敌的豪情壮志——"黄沙百战穿金甲，不破楼兰终不还"。

【教学目标】

（1）诵读四首古诗，借助注释理解诗意。

（2）通过对比学习，感受边塞景、边塞人之间的关联，体会古代人保家卫国、渴望和平的家国情怀。

（3）通过学习本组诗歌，唤醒学生对古诗词的热爱之情，唤醒学生珍爱和平、珍惜今天幸福生活的意识。

【教学重点】

诵读四首古诗，借助注释理解诗意。

【教学难点】

通过对比学习，感受边塞景、边塞人之间的关联，体会古代人保家卫国、渴望和平的家国情怀。

【教学准备】

PPT。

【教学时间】

40分钟。

【教学过程】

（一）谈话导入揭课题

你知道现在的哪些地方在古代被称为"边塞"吗？那里给你留下了怎样的印象？

师：同学们，盛唐时期，我国的经济实力在世界上名列前茅，人们生活富足，于是很多文人来到刚才我们说到的这些地方，他们有的亲身经历边塞生活，有的参加军旅体验生活，还有的像我们一样到边疆旅游，而后创作了许多边塞诗歌。今天我们就一起走近盛唐边塞诗组，（多媒体展示课题：盛唐边塞情）请大家齐读课题。

（二）层层深入悟读法

1. 初读边塞诗——看风看景（读出诗中景）

课件出示阅读要求，自主学习。（表1）

表1

阅读提示：
（1）用自己喜欢的方式读四首古诗，反复朗读，读通读顺，做到字正腔圆。
（2）结合注释理解诗句的意思，并用笔勾画出你所看到的景物，完成下列表格

个人读4分钟，全班同学齐读，男女生分别读。

独立完成表格，请生展示，全班交流补充，完善表格。（表2）

表2

诗名	边塞景
《凉州词二首·其一》〔唐〕王之涣	黄河、孤城、万仞山
《使至塞上》（节选）〔唐〕王维	大漠、黄河、落日
《出塞》〔唐〕王昌龄	明月、玉门关
《从军行七首·其四》〔唐〕王昌龄	青海湖、云、雪山、玉门关、黄沙、楼兰

这样的景物给你留下了怎样的印象？

小结：是啊！边塞风光是那样浩瀚辽阔，苍茫壮观，又让人深感荒凉、孤寂。（板书：边塞景辽阔苍茫）

2. 再读边塞诗——由景及人（读出景中人）

默读古诗，读出景中人，完成表格。（表3）

表3

诗名	边塞景	边塞人
《凉州词二首·其一》〔唐〕王之涣	黄河、孤城、万仞山	戍边将士、诗人
《使至塞上》（节选）〔唐〕王维	大漠、黄河、落日	戍边将士
《出塞》〔唐〕王昌龄	明月、玉门关	戍边将士
《从军行七首·其四》〔唐〕王昌龄	青海湖、云、雪山、玉门关、黄沙、楼兰	戍边将士

（板书：边塞人　戍边将士）

小结：即使是在盛唐时期，边塞依然有战火。

3. 三读边塞诗——感悟情怀（悟出景中情）

小组合作学习，再读古诗，感受古诗表达的情感，将表格补充完整。小组汇报，全班交流，完善表格。（表4）

表4

诗名	边塞景	边塞人	边塞情
《凉州词二首·其一》〔唐〕王之涣	黄河、孤城、万仞山	戍边将士诗人	将士：思念家乡 诗人：对远戍士卒的同情
《使至塞上》（节选）〔唐〕王维	大漠、黄河、落日	戍边将士	将士：殊死拼搏 诗人：对守边将士不畏艰苦、以身许国的爱国精神的赞美
《出塞》〔唐〕王昌龄	明月、玉门关	戍边将士	将士：征人未还 诗人：战事平息、人民过上安定生活的愿望
《从军行七首·其四》〔唐〕王昌龄	青海湖、云、雪山、玉门关、黄沙、楼兰	戍边将士	将士：保家卫国的豪情壮志、戍边的孤寂心情 诗人：保家卫国的决心及战事平息、人民过上安定生活的愿望

（板书：边塞情　保家卫国）

4. 归纳学习方法

第一步：初读觅景，寻找诗中出现的边塞景物。

第二步：再读寻人，找到诗中涉及的主人公。

第三步：三读悟情，感悟诗中表达的思想感情。

小结：边塞独特的景象渲染了边塞独特的氛围，烘托了边塞人的独特边塞情，三者相互依存、相互影响。

（三）情景交融升华情

师：同学们，盛唐的繁荣与强大、人民的安居乐业都是因为有千千万万不畏艰苦、誓死为国的爱国将士的保驾护航。让我们再一次用我们的声音表达对这份边塞情怀的敬仰。

同学们,我们今天的幸福生活又是怎样得来的呢?此刻你想说什么?

小结:同学们,今天我们的幸福生活来之不易,请大家珍惜!

一诗一地名，一诗一情怀

成都市天府新区第四小学　黄　蓉

适合年级：四年级

学习文本：

1. 望天门山①

〔唐〕李白

天门中断②楚江③开，碧水东流至此回。
两岸青山④相对出，孤帆一片日边来⑤。

注释：

①天门山：位于安徽省和县与当涂县西南的长江两岸，江北的叫西梁山，江南的叫东梁山（古代又称博望山）。两山隔江对峙，形同天设的门户，天门山由此得名。②中断：江水从中间隔断两山。③楚江：长江。因为古代长江中游地带属楚国，所以叫楚江。④两岸青山：分别指东梁山和西梁山。⑤日边来：指孤舟从天水相接处的远方驶来，远远望去，仿佛来自日边。

2. 独坐敬亭山①

〔唐〕李白

众鸟高飞尽，孤云独去闲②。
相看两不厌③，只有敬亭山。

注释：

①敬亭山：在今安徽省宣城市北。②独去闲：独去，独自去。闲，形容云彩飘来飘去、悠闲自在的样子。孤单的云彩飘来飘去。③两不厌：指诗人和敬

亭山互相看着都不觉满足。厌，满足。

3. 题西林壁①
〔宋〕苏轼

横看②成岭侧③成峰，远近高低各不同。
不识④庐山真面目⑤，只缘⑥身在此山⑦中。

注释：

①题西林壁：写在西林寺的墙壁上。西林寺在庐山西麓。题，书写、题写。②横看：从正面看。庐山是南北走向，横看就是从东面、西面看。③侧：侧面。④不识：不能认识、辨别。⑤真面目：指庐山真实的景色、形状。⑥缘：因为，由于。⑦此山：这座山，指庐山。

4. 绝句
〔唐〕杜甫

两个黄鹂鸣翠柳，一行白鹭上青天。
窗含西岭千秋雪①，门泊东吴②万里船。

注释：

①窗含：由窗往外望西岭，好似嵌在窗框中，故曰窗含。西岭：成都西岭雪山，其雪常年不化，故云千秋雪。这是想象之词。②东吴：指长江下游的江苏一带。成都水路通长江，故云东吴万里船。

【议题解析】

叶嘉莹先生在《古诗词课》中说道："真正伟大的诗人是用自己的生命来写作自己的诗篇的，是用自己的生活来实践自己的诗篇的。"读每一首诗时，就应置身于诗人脚下的那片土地，探寻当时当地发生的故事，亲近历史，品读文字，体悟诗中的情怀，因此，我选择了这四首含有地名的古诗。

以"地名"为切入口，运用"结合背景资料，走近诗人，读诗悟情；抓关键词，想象画面，观景悟情"的教学策略逐步推进，引导学生走近那段历史，走入古诗，品诗悟情。

其中《望天门山》与《独坐敬亭山》分别是李白青年与晚年两个时期的诗作。在天门山、敬亭山两地，诗人到底经历了什么？引导学生对比求同，发现诗中都有"孤"字，同中比异，揣摩"孤"字的含义。"结合背景资料，走近诗人，读诗悟情"，学生发现《望天门山》是诗人年轻时，游行于山水之间，观雄奇景色而作，包含豪迈奔放、自由洒脱之情；《独坐敬亭山》是诗人经历了安史之乱后的漂泊流离、政途失意而作，包含孤独寂寞、悲寂之情，诗中"孤"意完全不同。再反观两首古诗，"抓关键词，想象画面，观景悟情"，结合诗句反复推敲诗人是如何借助景物表情达意的，这样一来，学生便能借助背景资料读明白古诗背后的历史，品悟到诗中景物饱含的深情。

借助学习单，跳出李白的诗，再读其余含有地名的古诗，学生迁移运用学习方法自学，然后进行合作探究的小组交流、全班分享，结合学习单表格提取与梳理的信息，相互补充想法与见解，在思维碰撞中读诗品诗，观景悟情，学会学习写景古诗的方法。

【教学目标】

（1）学生通过对比阅读，感受《望天门山》和《独坐敬亭山》中"孤"的不同含义，初步感受不同时期、不同背景下诗人的真情实感。

（2）学生通过抓关键词、想象画面、结合背景资料等方法，合作探究学习写景类古诗，品悟诗人的真情实感。

（3）学生借助学习单表格，统整古诗，初步探讨写景类古诗中的"景与情"之间的联系。

【教学重点】

学生通过有感情地朗读、想象画面、结合背景资料等方式，合作探究学习古诗，理解品悟诗人的真情实感。

【教学难点】

通过统整古诗，初步探讨写景类古诗中的"景与情"之间的联系。

【教学准备】

学习单。

【教学时间】

40分钟。

【教学过程】

（一）对比阅读：结合背景资料，走近诗人，读诗悟情

（1）（李白图片）这是我们熟悉的唐代伟大浪漫主义诗人——李白。

（2）对比求同：《望天门山》与《独坐敬亭山》。

①读诗的题目：你发现什么相同点？（板书：天门山、敬亭山——地名）

②请学生读两首诗，找出共有的一个字。（"孤"）

（3）同中比异，初知"孤"意。

①描红"孤"：两首诗中的"孤"意思相同吗？（生畅谈）

②再读两首诗，用词语批注你的感受。

（4）结合背景资料，走近诗人，读诗悟情，修正刚才批注的感受。（资料来源于网络）（表1）

表1

《望天门山》背景资料	《独坐敬亭山》背景资料
本诗是25岁的李白初出巴蜀，乘船赴江东经当涂（今属安徽）途中初次经过天门山，被眼前奇特的景色吸引而作。诗中描写诗人舟行江中，溯流而上，远望天门山的情景。	从"相看两不厌"我们知道李白曾多次来到敬亭山。这首诗是李白第七次，也是最后一次来到宣城时所作。那一年是上元二年（761年），李白已岁逾花甲，在经历安史之乱后的漂泊流离，经历蒙冤被囚禁的牢狱之灾，经历戴罪流放的屈辱之后，他独自步履蹒跚地爬上敬亭山，独坐许久，触景生情，十分伤感，孤独凄凉之感袭上心头，情不自禁地写下了《独坐敬亭山》这首千古绝唱
情感：（　　　）	情感：（　　　）

（5）抓关键词，想象画面，观景悟情，再品"孤"意。

再读古诗，勾画诗中的景物，你仿佛看到怎样的画面？体会到怎样的情感？与同桌交流讨论。（表2）

表2

古诗	地名	观景	悟情	表现手法
《望天门山》	天门山	抓住（山、水、孤帆、日）景物，仿佛看到（雄伟壮丽的天门山）	豪迈奔放、自由洒脱、无拘无束	写景抒情
《独坐敬亭山》	敬亭山	抓住（鸟、孤云、山）景物，仿佛看到（诗人独自一人站在敬亭山上）	孤独寂寞	写景抒情

孤帆：在雄伟壮丽的天门山、浩浩长江水面前，诗人的一艘小船显得那么渺小，反衬出山河的雄伟壮丽，诗人心情激荡，诗风豪放。

孤云：敬亭山上一只鸟也没有了，没有一点愉悦的声音，只有孤孤单单的云在天空飘来飘去，表现出诗人的无奈、孤独、寂寥。

学生也可以通过诗题中的"独坐"来谈"孤"意。

（6）达成共识，朗诵古诗：这两首诗，景中有情、情中有景，李白通过写景抒发内心情感，这就是"写景抒情"的表现手法。（板书课题：一诗一地名，一诗一情怀）

（二）迁移运用方法，合作探究学习：《题西林壁》《绝句》

1. 出示自学要求，完成学习单，再小组交流

读通诗句，结合注释读懂诗意。

结合背景资料，走近诗人，读诗悟情。

抓关键词，想象画面，观景悟情。

2. 全班交流展示

（1）《题西林壁》前两句"横看成岭侧成峰，远近高低各不同"写景，后两句阐述诗人此时此刻的真实看法，看不清事情的真相，是因为"当局者迷，旁观者清"。可见诗人在被贬期间仍然心境豁达、诗风豪放。

（2）《绝句》整首诗写景，抓住黄鹂、翠柳、白鹭、青天、西岭、雪、泊船描写了成都初春时的景色，对未来充满希望与憧憬，心境愉悦、开朗。

（三）表格统整，品悟拓展

1. 观察表格，发现异同（表3）

表3

古诗	地名	观景	悟情	表现手法
《望天门山》	天门山	抓住（山、水、孤帆、日）景物，仿佛看到（雄伟壮丽的天门山）	豪迈奔放、自由洒脱、无拘无束	写景抒情
《独坐敬亭山》	敬亭山	抓住（鸟、孤云、山）景物，仿佛看到（诗人独自一人站在敬亭山上）	孤独寂寥	写景抒情

续 表

古诗	地名	观景	悟情	表现手法
《题西林壁》	庐山	抓住（岭、峰）景物，仿佛看到（层峦叠嶂，诗人置身其中，不辨真伪）	豁达豪放	写景抒情
《绝句》	成都	抓住（黄鹂、翠柳、白鹭、青天、西岭、雪、泊船）景物，仿佛看到（充满生机、繁荣的景象）	愉悦开朗 憧憬未来	写景抒情

相同点：每首诗中都提到了地名；每首诗都抒发了真情实感，无论顺境的愉悦，还是仕途不顺时的豁达、豪放，都体现着诗人的人生态度，那就是坦然面对，以文字抒心境。

不同点：同一诗人，心境不同，看到的景色也不同；诗人各自的经历不同，感受也不同。

2. 再次品读，统整观点

读了这一组写景古诗，我想起叶嘉莹先生在《古诗词课》中所说的："真正伟大的诗人是用自己的生命来写作自己的诗篇的，是用自己的生活来实践自己的诗篇的。"

3. 你还知道哪些含有地名的古诗

把下面这些诗读一读，并试着体会它们表达的情感：《望洞庭》《乌衣巷》《泊船瓜洲》《赠汪伦》《书湖阴先生壁》《峨眉山月歌》等。

诗中雪，雪中情

四川省资阳市雁江区第二小学　李　智

适合年级：六年级

学习文本：

1. 江雪

〔唐〕柳宗元

千山鸟飞绝①，万径②人踪③灭。
孤④舟蓑笠⑤翁，独⑥钓寒江雪。

注释：

①绝：尽，无，没有。②万径：虚指，指千万条路。径，小路。③人踪：人的脚印。④孤：孤零零。⑤蓑笠（suō lì）：蓑衣和斗笠。"蓑"，古代用来防雨的衣服；"笠"，古代用来防雨的帽子。⑥独：独自。

2. 逢①雪宿②芙蓉山主人

〔唐〕刘长卿

日暮③苍山远④，天寒白屋⑤贫。
柴门闻犬吠⑥，风雪夜归人⑦。

注释：

①逢：遇上。②宿：投宿，借宿。③日暮：傍晚的时候。④苍山远：青山在暮色中影影绰绰，显得很远。苍，青色。⑤白屋：未加修饰的简陋茅草房。一般指贫苦人家。⑥犬吠：狗叫。⑦夜归人：夜间回来的人。

3. 白雪歌送武判官①归京

〔唐〕岑参

北风卷地白草②折，胡天③八月即飞雪。
忽如一夜春风来，千树万树梨花开。
散入珠帘湿罗幕④，狐裘⑤不暖锦衾薄⑥。
将军角弓⑦不得控，都护⑧铁衣冷难着。
瀚海⑨阑干⑩百丈冰，愁云惨淡万里凝。
中军⑪置酒饮归客⑫，胡琴琵琶与羌笛。
纷纷暮雪下辕门，风掣⑬红旗冻不翻⑭。
轮台⑮东门送君去，去时雪满天山路。
山回路转不见君，雪上空留马行处。

注释：

①武判官：名不详。判官，官职名。②白草：西域牧草名，秋天变白色。③胡天：指塞北的天空。胡，古代汉民族对北方各民族的通称。④罗幕：用丝织品做成的帐幕，形容帐幕的华美。⑤狐裘（qiú）：狐皮袍子。⑥锦衾薄（bó）：丝绸的被子（因为寒冷）都显得单薄了，形容天气很冷。⑦角弓：两端用兽角装饰的硬弓，一作"雕弓"。⑧都（dū）护：镇守边镇的长官，此为泛指，与上文的"将军"是互文。⑨瀚（hàn）海：沙漠。⑩阑干：纵横交错的样子。⑪中军：指主将或指挥部。古时分兵为中、左、右三军，中军为主帅的营帐。⑫饮归客：宴饮归京的人，指武判官。饮，动词，宴饮。⑬风掣（chè）：红旗因雪而冻结，风都吹不动了。掣，拉，扯。⑭冻不翻：旗被风往一个方向吹，给人以冻住之感。⑮轮台：唐轮台在今新疆维吾尔自治区米东区境内，与汉轮台不是同一地方。

【议题解析】

《江雪》《逢雪宿芙蓉山主人》《白雪歌送武判官归京》三首古诗中，都出现了"雪"，都是借诗中之"物"来抒心中之"情"，此为这三首古诗的共同点。

这三首古诗的不同点不外乎两处：

一是借的"物"不同。《江雪》所借之"物"为"渔翁"，《逢雪宿芙蓉山主人》所借之"物"乃"贫屋",《白雪歌送武判官归京》所借之"物"是"将士"。此处的不同是显性的,一眼就能看出来。

二是抒的"情"不同。如何能让学生通过字面意思体会背后不同的感情?这就需要统整各种信息:诗中雪的特点,描写的"物"的特点,古诗的写作背景。

《江雪》中的雪给人一种孤寂、寒冷的感觉,诗中的渔翁也是孤独一人垂钓,由作者柳宗元刚从朝廷被贬到蛮荒之地猜测其内心是郁闷的。诗人正是通过描绘一幅渔翁在寒冷的冬雪中独自垂钓的画面来抒发内心的郁闷和表现自己的孤傲的。

《逢雪宿芙蓉山主人》中的雪还是寒冷的,诗中的"贫屋"确实清贫破败,诗人同样被贬。一幅风雪夜归图不是很好地画出了诗人心中的"悲凉"吗?

《白雪歌送武判官归京》中的雪奇丽多变,处处体现着一种美。早上,大地银装素裹,将士操练热情不减;宴会中,将士且歌且舞,开怀畅饮;傍晚,送友人踏上征途,"山回路转不见君,雪上空留马行处",用平淡质朴的语言表现了将士们对战友的真挚感情,字字传神,含蓄隽永。诗中的雪是美的,将士们在宴会时的高兴和送别时的不舍充分体现了作者与友人之间真挚的感情。

【教学目标】

(1)诵读一组古诗,利用注释和译文等理解诗意,并在此基础上体会诗歌表达的情感。

(2)引导学生发现诗人咏雪的原因,感受当时的场景,在"比、对、读、议"中结构化地理解诗中雪与情之间的关联,感悟雪与诗人当时的情怀。

(3)感悟"雪"在古诗中独特的意韵。

【教学重难点】

探索咏雪之因与咏雪之情之间的关联。

【教学过程】

(一)欣赏雪景,揭示课题

(1)冬季刚过,让我们一起来欣赏几幅雪景图。

(2)刚刚欣赏了几幅雪景图,同学们有很多想法。现在我们看看古代诗人对雪又有怎样的情怀。

一起读课题。

设计意图：通过欣赏"图像雪景"，自然过渡到"文字雪景"，引出本课议题。

（二）《江雪》引路，习得学法

1. 读诗解意

大家之前已对三首古诗进行了预习。我们先来看看这首古诗（出示《江雪》），请读。

诗读正确了，意思知道吗？请同学们结合注释等看一看，试着用自己的话说说诗句的意思。

2. 初次觅"雪"

诗中的雪在哪里？能找到吗？

3. 再次觅"雪"

诗中除了这一句中有雪，其他诗句中就没有了吗？再仔细瞧瞧。

在这首诗里，笼罩一切、包罗一切的东西是雪，山上是雪，路上也是雪，而且"千山""万径"都是雪，才使得"鸟飞绝""人踪灭"。就连船篷上、渔翁的蓑笠上也都是雪。

4. 渔翁与雪

刚才我们说了，山上是雪，路上是雪，就连渔翁的蓑笠上也都是雪，他冷吗？（板书：冷）

那他为什么还要在这么冷的风雪天独自垂钓？

因为他的性格有点孤傲。（从哪里可以感受到孤傲？"孤""独"等。）（板书：孤傲）

再一起吟诵后两句——孤舟蓑笠翁，独钓寒江雪。

5. 了解背景

有谁知道作者柳宗元写这首诗的背景吗？来说说。

唐顺宗永贞元年（805年）……因此，柳宗元被贬官到有"南荒"之称的永州。于是，他怀着幽愤的心情，写下了这首千古传颂的诗作。

柳宗元从朝廷被贬到蛮荒之地，你们觉得他此时的心情是怎样的？

郁闷、痛苦……（板书：郁闷、痛苦）

6. 统整关联

关于这首诗中的雪、渔翁、作者，你有什么发现？（表1）

表1

雪	渔翁	作者
冷	孤傲、顽强……	郁闷、痛苦……

学生畅谈发现。

小结：的确，诗人的情感（悲、伤）与诗人所经历的事（贬）、所看到的景（雪）有关联。

眼前的这个被幻化了的、美化了的渔翁形象，实际正是柳宗元本人的思想感情的寄托和写照。

再来读一读这首诗吧！

设计意图：聚焦于"1"，即《江雪》，在读通、读顺、读懂的基础上，借"觅雪"这一活动自然地引导学生由语言层面走到诗歌文字的背后，感受诗人表达的情感与性格特点。

（三）寻因入景，探雪之情

1. 明白要求

这样读古诗能有更多的发现，我们用这样的方法来读读另外两首诗。一组同学探索《逢雪宿芙蓉山主人》，另一组同学探索《白雪歌送武判官归京》。

自学提示：

①自读古诗，借助注释等理解诗意。②填写学习单。③想一想"雪"与作者的心情有什么关联。（表2）

表2

篇目	雪	白屋	作者
《逢雪宿芙蓉山主人》			
篇目	雪	将士（将军）	作者
《白雪歌送武判官归京》			

2. 学生自学

学生独立阅读思考，完成学习单的填写。

3. 分享交流

（1）在小组分享，进一步修改批注。

（2）全班交流《逢雪宿芙蓉山主人》。

结合你填写的学习单，说说关于这首诗中的雪，你有什么发现？

这首诗中的"白屋"与作者的心情有什么关联？

此时此刻、此情此景尽在这风雪夜，再朗读这首诗。

（3）全班交流《白雪歌送武判官归京》。

结合填写的学习单，说说关于这首诗中雪的发现。

这首诗中岑参咏雪时的情感又和什么有关？

《白雪歌送武判官归京》堪称古今第一首咏雪诗。诗人以充沛的笔力写出了塞外雪景的雄奇瑰丽，也以饱满的精神表达了守边将士的英风豪气，是一首笔歌墨舞的白雪赞歌。

同学们，化身为你心中的那个岑参，读出你所作的送别诗吧！一起读！

4. 再次统整

梳理三首诗的探索成果，以表格形式呈现：同学们，探究完了三首诗，有没有什么新的发现？

学生畅谈发现。

小结：看来，咏雪之情受诗人经历与情景的影响，这也是几首诗共同的规律。是呀，不同的际遇，不同的个性，不同的情景，决定了诗人咏雪时情感的不同。

设计意图：由《江雪》这个"1"的共同探究，过渡到《逢雪宿芙蓉山主人》《白雪歌送武判官归京》等"X"的自主探究和交流分享，在引导学生将所习得的学法进行实践的同时，进一步印证前诗所发现的"雪""人物""作者""事物"间关联的规律。一步一步，由单篇到群文，以"雪"为媒，伴随着学生对"诗"的理解，对"情"的感悟，对"人"的关注，学生"比对""研究""欣赏"等思维能力也得到提升。

（四）关联诗雪，感悟情怀

1. 写雪之因

现在，我们把三首诗放在一起看。三首诗都写到了雪，诗人是为了给我们介绍雪景吗？当然不是，那为何三位诗人不约而同地把雪写进了诗中呢？

2.分享交流

请同学们在小组内发表一下自己的观点,然后在全班交流。

小结:古代诗人笔下的雪生出来更多地是情。诗中见雪,情更深;以雪生情,意更浓!雪能寄托情感,也能催化情感。

3.结课升华

当情感丰富的诗人与雪相遇,便描绘出了一篇又一篇千古传诵的名篇佳作。这便是中国古代文人的"咏雪情怀"。

下课!

设计意图:学生通过对"诗中雪,雪中情"这一议题的探索,在回归诗歌表达这一"语用"大地的同时,亦对"雪中情"有了更深刻的审美体验和感悟,对更多同类诗歌及背后的精彩人生有了更强烈的阅读期待。

古诗中的家国情怀

四川省自贡市自流井区檀木林小学　胡晓勤

适合年级：五年级

学习文本：

1. 塞下曲六首·其一
〔唐〕李白

五月天山①雪，无花只有寒。
笛中闻折柳②，春色未曾看。
晓③战随金鼓④，宵⑤眠抱玉鞍⑥。
愿将腰下剑，直⑦为斩楼兰⑧。

注释：

①天山：指祁连山。②折柳：《折杨柳》，古代乐曲名，内容多为离情别绪。③晓：白天。④金鼓：指行军作战时用以鼓舞士气的战鼓。⑤宵：夜晚。⑥抱玉鞍：指将士们保持高度警戒的状态。玉鞍，这里指马鞍。⑦直：只。⑧楼兰：汉代西域国名。据记载，楼兰地处汉与西域各国的交通要冲，汉使经常在这里被杀害。汉昭帝时，汉臣傅介子出使楼兰，于宴席中斩杀了楼兰王安归。唐代时已无楼兰国，诗中用来借指侵扰边地的敌人。

2. 闻官军收河南河北①
〔唐〕杜甫

剑外②忽传收蓟北③，初闻涕泪满衣裳。
却看妻子愁何在，漫卷④诗书喜欲狂。

白日放歌须纵酒,青春作伴好还乡。
即从巴峡⑤穿巫峡⑥,便下襄阳向洛阳。

注释:

①河南河北:指今河南洛阳一带及河北省北部。②剑外:剑门关以南,代指蜀地。③蓟北:在今河北省北部一带,是安史叛军的根据地。④漫卷:胡乱地卷起。⑤巴峡:巴郡(今重庆市)一带江峡的总称。⑥巫峡:三峡之一,在今重庆市巫山县东。

3. 十一月四日风雨大作二首·其二

〔宋〕陆游

僵卧①孤村不自哀,尚思为国戍轮台②。
夜阑③卧听风吹雨,铁马④冰河入梦来。

注释:

①僵卧:躺卧不起,形容老病。②戍轮台:指守卫边关。戍,守卫。轮台,古地名,在今新疆轮台南,汉王朝曾在这里驻兵屯守。这里代指边关。③夜阑:夜深,夜将尽。④铁马:披着铁甲的战马。

4. 望阙①台

〔明〕戚继光

十年②驱驰海色寒,孤臣③于此望宸銮④。
繁霜尽是心头血,洒向千峰秋叶丹。

注释:

①阙:宫阙,指皇帝的住所。②十年:指诗人抗倭已经十年。③孤臣:指诗人自己。④宸銮:皇帝的住所。

【议题解析】

"家国情怀"是有史以来的一个永恒主题。本组共选取了四首由不同诗人,在不同历史时期,采用不同表现手法创作的诗,四首古诗都紧扣"家国情怀"这一主题。

从唐代到宋代,再到明代,本组群文中的古诗跨越多个历史时期,反映出不同时代背景下诗人的不同"爱国"表现。在《塞下曲六首·其一》中,李白的家国情怀表现在期盼赴身疆场、为国杀敌的英雄豪迈；《闻官军收河南河北》表达了眼见国家沦陷、忧国忧民的杜甫听闻官军收复失地后，急于返乡、喜不自胜的家国情怀；《十一月四日风雨大作二首·其二》这首诗中，杰出爱国诗人陆游的家国情怀表现在借梦抒怀、重返沙场；《望阙台》表现了作者戚继光甘洒热血、赤胆忠心的家国情怀。

几首诗歌所采用的表现手法也有所区别。《塞下曲六首·其一》和《望阙台》采用了借景抒情的表现手法，先极言边塞苦寒，再抒发自己为国捐躯的报国之志，更加突出了诗人强烈的家国情怀；《闻官军收河南河北》直抒胸臆，表达了作者听到收复蓟北的消息时无限喜悦兴奋的心情。晚年的陆游仍心系国家，但是已卧病不起，只能"借梦抒怀"，全诗不借助任何景物即表达出强烈的情感，也可以说是直抒胸臆。

一首首，一句句，浸润在字里行间的是化不开的家国情怀；一篇篇，一章章，萦绕在眉间心上的是挥不去的家国心绪。研究学习本议题可以帮助学生从不同侧面进一步深刻认识"家国情怀"。

【教学目标】

（1）阅读一组爱国诗，明确诗人家国情怀的具体表现。

（2）结合背景资料，抓关键字，体会诗中所寄寓的诗人的真挚情感。

（3）在诵读中唤醒学生热爱家国的美好意识。

【教学准备】

视频、PPT。

【教学时间】

40～60分钟。

【教学过程】

（一）激趣导入谈家国

有一首歌唱响大江南北，唱响海内海外。无论男女老少，无论身在何处，唱起它，都会热血澎湃，爱国之情在心中流淌。

家国情怀如一条绵绵不休的情感河流，始终流淌在每一个文人士子的笔底心头。自古至今，我国文人写下了众多的爱国诗篇，同学们，你知道哪些爱国诗句呢？

描写家国情怀的古诗词不计其数。今天，让我们继续沿着历史的长河，通过四首古诗去感受古诗中的家国情怀。

整体感知，初读四首诗，读准字音，读出节奏。检查、正音。

（二）共学一首得学法

先让我们一起穿越时空的隧道，回到盛世唐朝，感受古诗《塞下曲六首·其一》中的家国情怀。

1. 读古诗，说诗意

（1）抽生读诗。

（2）结合注释等知识，试着用自己的话说说诗句的意思。

2. 抓诗眼，谈表现

我们今天重点感受诗中的"家国情怀"，诗中哪一个字最能让你感受到诗人的家国情怀呢？请你勾画出来，并说说为什么。

3. 悟诗情，明写法

（1）这是一种怎样的家国情怀？可用一个四字词语进行概括。

（2）诗歌是通过怎样的表现手法来体现这一家国情怀的呢？

4. 创情境，读诗句

这首诗表面上是写边关将士，实际上也是写诗人自己。诗人的家国情怀都寄寓在这首诗当中。

5. 小结学法

我们刚才通过朗读理解，抓关键字，明诗眼，结合人物的具体表现，体悟到了古诗《塞下曲六首·其一》中的家国情怀。

过渡：接下来，我们就用这一方法，感悟另外三首诗中的家国情怀。

（三）自主感悟话情怀

1. 自学三首古诗

（1）出示自学提示。

读：自读古诗，结合注释、参考译文和背景资料理解诗意。

勾：勾出最能表现诗人家国情怀的关键字和具体表现。

悟：诗歌表达了作者怎样的家国情怀（可用四字词语概括），并思考运用了什么表现手法。

（2）自主学习。

（3）小组交流，完成学习单。（表1）

表1

诗题	年代	诗眼	家国情怀	表现手法
《闻官军收河南河北》				
《十一月四日风雨大作二首·其二》				
《望阙台》				

下面我们来分享同学们的读诗收获，每个小组派一人汇报，同学们认真聆听，如有不同看法，及时补充。

2. 全班交流

预设一：《闻官军收河南河北》——结合背景，感悟情怀

（1）汇报。

（2）结合背景，深化情感。

学生介绍诗歌背景。

拓展阅读：

公元755年，"安史之乱"爆发。

公元756年，杜甫全家避贼逃难，经历颠沛流离之苦，作《彭衙行》。

公元757年，杜甫伫立长安街头，望着叛军侵占的都城，心中百感交集，作《春望》。

公元761年，杜甫借居四川，茅屋残破，彻夜难眠，作《茅屋为秋风所破歌》。

公元763年，"安史之乱"结束。

学生读补充诗句，并谈感受。

（3）结合背景，引读诗句。

预设二：《十一月四日风雨大作二首·其二》——以读促讲，感悟情怀

（1）汇报。

（2）诵读。

预设三：《望阙台》——结合背景，感悟情怀

（1）汇报。

（2）小结：没有大家，哪有小家。国家兴衰牵动着诗人的每一丝情绪，时刻关心国家和人民，这就是家国情怀。

（四）统整梳理强情怀

比较异同：作者不同、时代背景不同、国家命运不同、诗人的心情不同、诗人爱国的表现不同，却都表达了诗人的家国情怀。

小结：从古至今，涌现了许许多多的爱国之士，他们身处不同的时代，表达的方式不同，但都同样心系家国。

（板书：心系家国）

（五）扩展阅读成品格

像这样饱含"家国情怀"的古诗词还有很多——课件出示：

《但悲不见九州同·陆游集》《壮岁旌旗拥万夫·辛弃疾集》《爱国诗词100首》。

结语：诗歌是人类的精神家园，而古诗中蕴含的崇高的家国情怀是华夏子孙精神家园中最为绚烂多姿的一部分。少年强则国强，老师希望同学们在古诗词阅读中丰盈自己的精神，长大后用我们的行动书写"家国情怀"的新内涵。

秋心可知

四川省中江县继光实验学校　钟奇岑　郭福海

适合年级：六年级

学习文本：

1. 丑奴儿①·书博山②道中壁
〔宋〕辛弃疾

少年不识愁滋味，爱上层楼。爱上层楼，为赋新词强③说愁。
而今识尽④愁滋味，欲说还休。欲说还休⑤，却道天凉好个秋。

注释：

①丑奴儿：词牌名。②博山：在今江西省广丰县西南。因状如庐山香炉峰，故名。淳熙八年（1181年），辛弃疾被弹劾，去职闲居上饶，常到博山游览。③强（qiǎng）：勉强地，硬要。④识尽：尝够，深深懂得。⑤欲说还（huán）休：内心有所顾虑而不敢表达。休，停止。

2. 天净沙·秋思
〔元〕马致远

枯藤老树昏鸦①，小桥流水人家，古道②西风瘦马。夕阳西下，断肠人③在天涯④。

注释：

①昏鸦：黄昏时归巢的乌鸦。昏，傍晚。②古道：已经废弃不堪再用的古老驿道（路）或年代久远的驿道。③断肠人：形容伤心悲痛到极点的人，此处指漂泊天涯、极度悲伤、流落他乡的游子，因为思乡而愁肠寸断。④天涯：远离家乡的地方。

3.九日送别

〔唐〕王之涣

蓟①庭萧瑟②故人稀,何处登高且送归。

今日暂同芳菊酒,明朝应作断蓬③飞。

注释:

①蓟(jì):古州名。唐开元十八年(730年)置。治所在渔阳(今天津市蓟县)。②萧瑟:草木被秋风吹袭的声音。③断蓬:指枯后根断遇风飞旋的蓬草,比喻漂泊无定。

【议题解析】

悲秋,是人们面对秋景所产生的一种悲哀忧愁的情绪体验,同是以"悲秋"为主题的诗歌,因作者的境遇不同,描写的景(物)不同,所表达的情感也不同。

《丑奴儿·书博山道中壁》上阕"强说"的是春花秋月、无病呻吟的闲愁,下阕说的是关怀国事、怀才不遇的哀愁。在平易浅近的语句中,表现出作者内心深处的痛楚和矛盾,包含着深沉、忧郁、激愤的感情。《天净沙·秋思》把九种不同的景物组织在一个画面中,渲染出一派凄凉萧瑟的晚秋气氛,从而含蓄地烘托出旅人的哀愁。公元725年前后,王之涣不愿为了衡水主簿的卑职而折腰,加上有人诬陷攻击,便愤然辞官而去。公元730年,王之涣游历蓟州地,意外和老朋友上官致情相逢,两人唏叹世事,《九日送别》便是在这时写下的。

本议题选取的三首诗歌,所表达的主题具有一定的代表性,分别是在诗人壮志难酬之际、在游子远离故园之时、在挚友离别之时的情感抒发。将三首诗歌对比学习,意在引导学生发现,不同的诗人、不同的际遇,抒发的人生感受不同,不同的主题丰富了"悲秋"的内涵。通过比较阅读同中求异、异中求同,提高学生的辨析能力,训练学生的思维能力,让学生了解相似事物之间的内在联系和区别。

【教学目标】

(1)通过有感情地朗读、结合注释等方式,理解产生"悲"的原因。

(2)通过对比阅读,感受本组诗表达的"悲"的多样性。

（3）拓展阅读相关资料，进一步了解古典诗歌中的"悲秋"情怀。

【教学重点】

感受本组诗表达的"悲"的多样性。

【教学难点】

结合背景资料，理解产生多样"悲"的原因。

【教学时间】

60分钟。

【教学过程】

（一）对比，感受特点

（1）"秋风起兮白云飞，草木黄落兮雁南归。"几缕带着凉意的秋风，吹落了满树的黄叶，送走了南飞的大雁。自古以来，秋天就是文人墨客热衷表现的主题。大家平时都读过哪些关于秋的古诗词？

（2）出示课本上学过的《山行》《赠刘景文》。朗读，让学生想象诗中的画面，指导学生读出诗的韵味。

（3）秋，是美好的，"停车坐爱枫林晚，霜叶红于二月花。"秋，是斑斓的，苏轼说："一年好景君须记，正是橙黄橘绿时。"出示《夜书所见》，让学生说说诗中写了什么场景，诗人有何感受。

（4）秋，也是萧瑟冷清的，正如叶绍翁所写的"萧萧梧叶送寒声，江上秋风动客情"。今天，我们随着古诗词走进秋天。

设计意图：根据学生的学习起点，由熟知和已学过的关于"秋"的诗词进入学习，前两首词和后一首诗，情绪由扬到抑，为学习本组诗词做好铺垫。

（二）读议，体悟心绪

1. 共读与引导

（1）自由读《丑奴儿·书博山道中壁》，找出词中最能代表词人心情的一个词。

（2）指名读词，思考：词人的"愁"分为几个阶段？（少年、如今）

（3）少年时为何而愁？如今又为何而愁？结合背景资料，先独立思考，再全班交流。

（4）少年时的词人，正处于积极昂扬的状态，不知愁为何物，登楼赋词，"强说"的是春花秋月、无病呻吟的闲愁。待年长之后，眼看国事日非，自己无能为力，一腔愁绪无法排遣，却又故意避而不谈，平易浅近的词句背后，透露出怀才不遇、报国无门的哀愁。

（板书：报国无门）

（5）情感朗读。

（6）小结：《丑奴儿·书博山道中壁》通过年少不知愁而强说愁和如今愁肠深结却避而不谈愁，表现出作者内心深处的痛楚和矛盾，包含着深沉、忧郁、激愤的感情。

设计意图：选择《丑奴儿·书博山道中壁》作为共读篇目，是因其语淡而意丰，如不结合背景资料，很难理解作者的本意，其中所用对比手法，也需要在共读和讨论中揭示。

2. 自学与合作

（1）分组合作学习《天净沙·秋思》《九日送别》。出示共议话题：

① 这首诗（曲）写的是何时、何地，描绘了何种情景？

② 借助注释，理解作者所表达的情感。

要求：先借助注释自学，然后和小组同学交流自己的发现，认真倾听组员的发言，对其观点进行纠正或补充。

（2）分组学习。

3. 交流与深化

出示《天净沙·秋思》。

小组代表交流《天净沙·秋思》的相关资料。

（1）诵读，从这首散曲中你感受到了什么？（孤苦、愁苦、凄凉）。

①指名朗读，评价指导。

②自主谈读后的感受。

（2）请具体说说你是通过散曲中的哪些字、词、句有了以上这种感受的。

① 学生交流。

② 教师点拨。

a. 理解"断肠"的本义。

b. 由"断肠"生疑：读到这里，你有什么要问问马致远？

c. 请你猜想一下——问君何事愁天涯？结合作者写作的背景资料，深刻体会"断肠"包含的感情。

（板书：游子思乡）

出示《九日送别》。

（1）汇报小组共同讨论的议题。

①这首诗写的是何时、何地，描绘了何种情景？

（王之涣和友人上官致情在蓟州道别的情景。）

②作者表达了怎样的情感？（悲凉、不舍）

（2）一般的送别诗表达的是依依惜别之情，而这首诗却营造了一种悲凉的氛围，这是为什么呢？我们一起来探讨个中缘由。

（3）自由诵读古诗，思考：你是从哪些地方读出悲凉之感、不舍之情的？

（4）交流。

①蓟庭萧瑟故人稀，何处登高且送归。

a. 萧瑟，是草木被秋风吹袭的声音。秋天草木黄落，秋风乍起，簌簌有声，这种景象带给你怎样的感受？（凄凉、冷清）

b. 故人稀：朋友少。他乡本来就没有什么熟人，如今又要与一位朋友离别，那以后岂不是更加孤单？

c. 登高。你知道他们分别这一天是什么日子吗？（重阳节）

重阳节本来应该是团聚之日，如今却要送别友人，这就更加深了诗人内心的孤苦之感和对友人的依依不舍之情。

②今日暂同芳菊酒，明朝应作断蓬飞。

a. 为何说是"暂同"，你从这首诗中读出了什么意味？

b. 分别在即，为何诗人却有"明朝应作断蓬飞"的感慨？谈谈你的想法。

c. 小结：王之涣是愤然辞官，上官致则是隐居不仕，失意人和失意人同饮，酒后的第二天却又要天各一方了，倍添一份离别的悲伤，更加深了对友人的依依惜别之意。（板书：惜别故人）

设计意图：让学生在自学自悟的基础上，对《天净沙·秋思》《九日送别》的内容和表达的情感有一定的了解，通过组员之间的交流，互相学习，倾听他人对议题的理解，补充或修正自己的看法，培养学生的自学能力、交流合作能力，进一步增进学生对学习材料的理解。

（三）总结，回归主题

（1）过渡：这节课我们学了三首和秋天相关的古诗词，因作者的人生境遇不同，所思、所感不同，所表达的情感也不同：辛弃疾心中积郁的是报国无门之悲，马致远且行且吟的是游子思乡之悲，王之涣感慨的是惜别故人之悲，但有一点是相同的，那就是他们的所思所感与秋天冷清萧瑟的情景融合，让整首诗词传达出一种悲凉的意味。这是中国古诗词中的"悲秋"。

（2）总结：诗人们借助萧瑟凄凉的秋景秋物抒发情怀，成就了一篇篇千古绝唱。课后我们读一读文章《试谈古典诗词中的悲秋情怀》，读一读其他"悲秋"的诗词，对这一主题会有更深的理解。

设计意图：在学生对一组"悲秋"诗词有了感知的基础上，将学生的阅读视野引向这一类诗词，借助相关文章，帮助学生更好地理解"古诗词中的悲秋情怀"，激发学生的阅读兴趣，进一步培养学生对古诗词和优秀传统文化的热爱。

基于群文阅读教学的小学古诗词教学设计

诗 路

四川省自贡市蜀光绿盛实验学校 冯晓敏

适合年级：四年级

学习文本：

1.三衢道中①
〔南宋〕曾几

梅子黄时②日日晴，小溪泛尽③却山行④。
绿阴⑤不减来时路，添得黄鹂四五声。

注释：

①三衢（qú）道中：在去三衢州的道路上。三衢即衢州，今浙江省常山县，因境内有三衢山而得名。②梅子黄时：指五月，梅子成熟的季节。③小溪泛尽：乘小船走到小溪的尽头。④却山行：再走山间小路。却，再。⑤绿阴：苍绿的树荫。

2.江畔独步寻花·其六
〔唐〕杜甫

黄四娘①家花满蹊②，千朵万朵压枝低。
留连③戏蝶时时舞，自在娇④莺恰恰⑤啼。

注释：

①黄四娘：杜甫住成都草堂时的邻居。②蹊（xī）：小路。③留连：同"流连"，即留恋，舍不得离去。本诗句用来形容蝴蝶在花丛中飞来飞去、恋恋不舍的样子。④娇：可爱的。⑤恰恰：形容鸟叫声和谐动听。

3. 别董大①二首·其一
〔唐〕高适

千里黄云白日曛②,北风吹雁雪纷纷。
莫愁前路无知己,天下谁人不识君③?

注释:

①董大:董庭兰,唐代著名的琴师。在其兄弟中排名第一,故称"董大"。②白日曛:太阳黯淡无光。曛(xūn),昏暗。③君:古代对人的尊称,这里指董大。

4. 江雪
〔唐〕柳宗元

千山鸟飞绝①,万径②人踪③灭。
孤舟蓑笠④翁,独钓寒江雪。

注释:

①绝:尽,无,没有。②径:小路。③踪:踪迹,足迹。④蓑笠(suō lì):蓑衣和斗笠。

【议题解析】

议题"诗路"有两个含义:一是这组的诗中都有能看见的"路",二是通过本组诗的学习让学生领悟到古诗词的学习之路。

《三衢道中》中浓浓林荫下的山路,《江畔独步寻花·其六》中开满鲜花的小路,《别董大二首·其一》里黄云漫天、北风扬雪中送别友人时的前路,《江雪》里冰天雪地中空无一人的条条小路……初见这些路,你的心情怎么样?你觉得写出此诗的诗人心情怎么样?

梅子黄时原本是常下雨的,而今年这个时节却日日晴好,爱好旅游的诗人曾几自然是满怀愉悦地邀约友人游三衢山,水路走完再走山路,一路好景好心情。

诗人杜甫饱经离乱之后,寓居四川成都,在西郊浣花溪畔建成草堂,暂时有了安身的处所,之前颠沛流离无心看花,现在闲了下来、静了下来,这样的心境又适逢春暖花开的美景,心情自然也是舒畅、愉悦的。

久别重逢的诗人高适与朋友董庭兰经过短暂的聚会后，又将各奔他方。高适却没有让这样的离别更加悲伤，而是借对朋友前路的祝福来表达那份豪迈，来激发朋友的自信。这份豪迈激昂，这种在失意中也能找回自信的精神，使他后来受到朝廷重用，以诗人之身，成就了军功报国的理想。

寒冷的季节，无人走的条条小路，这份孤独寒冷就像政治改革失败后被贬到永州的诗人柳宗元当时的处境一样悲凉，但他没有选择逃避和退缩，而是像诗中的蓑笠翁一样，走出门去。或许正是这份顽强和无畏，使得柳宗元在流放期间创作了不少文学作品，之后被敕召回京。

通过四首古诗描画的自然风景了解到诗人的创作背景后，我们会发现《三衢道中》《江畔独步寻花·其六》两首诗"所见即所得"：美丽的自然环境给诗人带来愉悦的心情。《别董大二首·其一》《江雪》这两首诗"所见非所得"：恶劣的自然环境中诗人想要表达的却是祝福或孤傲。

学习古诗词，仅仅会读会背会写就行了吗？全国特级教师王崧舟曾在中央电视台《百家讲坛》中讲过——读诗更要读诗人，看不见人怎么看得见语文？把这四首和路相关的古诗放在一起学习，就是希望大家在交流探讨中、在统整归纳中悟出这个道理，从而找到一条有趣有益的古诗词学习之路。

【教学目标】

（1）读《三衢道中》《江畔独步寻花·其六》《别董大二首·其一》《江雪》四首古诗，在读准字音、理解诗意的基础上，体会古诗中蕴含的情感。

（2）引导学生在比较和讨论中发现两组诗中"路"的不同之处。

（3）激发学生阅读古诗的兴趣，形成"读诗更要读诗人"的好习惯。

【教学重点】

通过诗人的创作故事体会古诗中蕴含的情感。

【教学难点】

在比较和讨论中发现两组诗中"路"的不同之处。

【教学时间】

40分钟。

【教学过程】

（一）导入新课

同学们，这节课我们走进"诗路"。这是一节群文阅读课，我们将在一节课的时间里共读四首古诗。准备好了吗？

（二）寻"路"——眼中路

1. 初读，读准字音

请大家拿出阅读材料自由读诗，注意读准字音。

生自由朗读，师板书诗名。

指名读难点字词：曾几、衢、尽、蹊、娇莺、恰恰啼、曛、蓑笠翁。

分组读四首古诗，相机正音。

2. 再读，寻"路"

这四首古诗有一个非常明显的相同点，你发现了吗？——对，诗中都有"路"。请自读，结合译文给每首诗中的路命名并做好旁批。

汇报交流。（表1）

表1

诗名	眼中路
《三衢道中》	山路
《江畔独步寻花·其六》	花蹊
《别董大二首·其一》	前路
《江雪》	万径

（三）悟"路"——诗中情

1. 师引读第一组两首诗，体会其中表达的情感

出示花蹊和山路的图片，问：如果是你走在这花蹊中、这绿意浓浓的山路上，你的心情是怎样的？

诗人跟我们的感觉一样吗？怎么才能知道？

引导学生关注这两首诗描写的美丽风景背后的创作背景，读出作者愉悦的心情。

2. 小组合作读另外两首诗，悟出其中表达的情感

风景美丽，作者心情也很美。那么眼前看到的真的和作者想表达的是一样的吗？再来看这两首诗。

"千里黄云白日曛，北风吹雁雪纷纷。"在这样的环境中送别友人，我们的心情应该是……"千山鸟飞绝，万径人踪灭"。这样的环境里，我们的心情应该是……那么，诗人高适和柳宗元真是要表达这样的心情吗？

挑战：小组合作，结合古诗的创作背景体会作者想要表达的情感。

汇报交流。（表2）

表2

诗名	眼中路	诗中情
《别董大二首·其一》	前路	不舍、祝福、开朗
《江雪》	万径	孤独、无畏、顽强

（四）统整归纳

师：同学们，今天我们把四首有"路"的古诗分为两组一起学习，不知道你有什么发现？

（自由讨论，指名回答。）

小结：前一组诗中自然风景是美丽的，诗人心情也是愉悦的，所谓"所见即所得"；后一组诗中自然环境是恶劣的，但诗人并没有因此变得低落，他们想表达的情感是积极向上的，所谓"所见非所得"。同学们，希望今天这节课后我们再读古诗时，除了要读你能看到的文字，更要读这首诗背后的故事、读写这首诗的人，这样你会收获更多的乐趣和知识。

（五）推荐阅读

杜甫、高适等诗人的故事。

悲喜总关情

四川省筠连县希望小学　赵 湘

适合年级：六年级
学习文本：

1. 春望
〔唐〕杜甫

国①破山河在，城春草木深。
感时花溅泪，恨别鸟惊心。
烽火②连三月，家书抵③万金。
白头搔④更短，浑欲不胜簪⑤。

注释：

①国：国都，指长安（今陕西西安）。②烽火：古时边防报警的烟火，这里指安史之乱的战火。③抵：值，相当。④搔：用手指轻轻地抓。⑤簪：一种束发的首饰。古代男子蓄长发，成年后束发于头顶，用簪子横插住，以免散开。

2. 自京赴奉先县咏怀五百字（节选）
〔唐〕杜甫

煖客貂鼠裘，悲管逐清瑟。
劝客驼蹄羹，霜橙压香橘。
朱门①酒肉臭②，路有冻死骨。
荣枯③咫尺异，惆怅④难再述。

注释：

①朱门：红漆大门，指富贵人家。②臭：这里指酒肉飘出的香味。③荣枯：繁荣、枯萎。比喻朱门的豪华生活和路边冻死的尸骨。④惆怅：此言感慨、难过。

3. 闻官军①收河南河北

〔唐〕杜甫

剑外②忽传收蓟北③，初闻涕④泪满衣裳。
却看妻子⑤愁何在，漫卷⑥诗书喜欲狂。
白日放歌须纵酒，青春⑦作伴好还乡。
即从巴峡穿巫峡⑧，便下襄阳⑨向洛阳⑩。

注释：

①官军：指唐朝军队。②剑外：剑门关以南，这里指四川。③蓟北：泛指唐代幽州、蓟州一带，今河北北部地区，是安史叛军的根据地。④涕：眼泪。⑤妻子：妻子和孩子。⑥漫卷（juǎn）：胡乱地卷起。是说杜甫已经迫不及待地去整理行装准备回家乡去了。⑦青春：指明丽的春天的景色。⑧巫峡：长江三峡之一，因穿过巫山得名。⑨襄阳：今属湖北。⑩洛阳：今属河南，古代城池。

【议题解析】

诗歌是我国文化史上一颗璀璨的明珠。说到诗歌，自然少不了李白和杜甫。杜甫，伟大的现实主义诗人，被称为"诗圣"，他的诗被称为"诗史"。他的诗大多记录了唐代由盛转衰的历史巨变，表达了崇高的仁爱精神和强烈的忧患意识。他诗艺精湛，对后世影响深远。小学阶段的杜甫的诗歌，大多是写景的，如《江畔独步寻花》《春夜喜雨》，这对了解杜甫是远远不够的。作为六年级的学生，读不同风格的诗，从不同的角度认识杜甫，是很有必要的。

本次选取的三首诗，都与安史之乱有关，但风格不同。《春望》把国家兴衰与个人情感相融，反映了诗人热爱国家、眷念家人的美好情感。《自京赴奉先县咏怀五百字》（节选）采用对比手法揭示了社会贫富悬殊的丑恶状况，表达了对人民的同情和对黑暗现实的不满。《闻官军收河南河北》是杜甫"生平第一首快诗"，一改过去沉郁顿挫、含蓄蕴藉的诗风，以轻快活泼、爽朗奔放的语言表现了得知朝廷军队获胜后喜极而泣、悲喜交集的心情。学习这三首诗，在朗读—理解—感悟—体会"为何而悲、为何而喜"中逐步展开，层层推进，以感悟诗人的家国情怀。

【教学目标】

（1）借助注释、译文，通过朗读、抓重点词句等方式理解诗意。

（2）想象画面，感悟诗人的家国情怀。

（3）体会诗人的家国情怀，增强爱国情感。

【教学重难点】

借助注释，通过有感情地朗读、抓重点词句等多种方式，理解诗意；想象画面，感悟诗人的家国情怀。

【教学时间】

40分钟。

【教学过程】

（一）聊话题，知诗圣

（1）看线索，知诗人。

（2）简介杜甫的主要作品及风格。

（3）播放视频，简介安史之乱。

设计意图：通过以上环节，学生初步了解了杜甫的人生经历、创作风格、创作成就和当时的社会环境，为下文的学习做铺垫。

（二）抓关键，悟情思

（1）自读古诗，读准字音。

（2）借助注释，用自己的话理解诗句意思。

（3）自主阅读古诗，抓关键词句体会情感，完成表格。（表1）

表1

我眼中的杜甫"情"
我从_____这句诗中，仿佛看到了_____的画面，感受到了杜甫_____的心情，其中_____（字/词）最能感染我，我想带着这种心情，以_____的语气读这句诗。

（4）交流分享，相机指导朗读，读出诗歌的节奏，体会情感。

学生自主交流，抓住"破、深、感时、泪、恨别、抵万金、白头、搔"等关键词，借助PPT想象画面，体会诗人的情感。

（5）播放音乐，全班有感情地诵读古诗，读出节奏、韵味，体会作者的爱国情、思亲情。

（6）聚焦表格，统整情思，再读古诗。

引导学生对照表格，通过抓关键词句，想象画面，体会心情。

设计意图：聚焦于"1"——《春望》，在读通、读顺、读懂的基础上，在学生个性化、多元化理解"我眼中的杜甫'情'"的基础上，师生交流，达成共识，体会杜甫集国忧、家愁于一体的家国情怀，在情感朗读中感受古诗的节奏和韵味。

（三）对比读，感悲喜

出示后面两首诗及学习要求：分组学习，要求读正确，借助注释用自己的话解释诗句意思。强调《闻官军收河南河北》是杜甫"生平第一首快诗"。

（1）小组合作完成表格。

（2）分享交流。

借助PPT辅助学生想象画面，让学生体会作者心系国家安危、关心民生疾苦、感受世态炎凉的情态，体会作者的惆怅至极、悲愤至极！

抓关键词、出示地图，想象作者规划回家的路线图，体会作者归心似箭的心情，感悟其轻松活泼、爽朗奔放的诗歌风格。

（3）统整关联，体会悲喜总是关乎家国情怀。

小结：三首诗歌的创作都与安史之乱有关，它们的相同点与不同点分别是什么？

表2

诗名	关键词句	想象画面	作者心情	作品风格	表达情感
《春望》	草木深、白头、搔……	草木茂盛、人烟稀少……	悲伤、痛心、思念、痛苦……	悲	忧国忧民、眷念亲人

续表

诗名	关键词句	想象画面	作者心情	作品风格	表达情感
《自京赴奉先县咏怀五百字》（节选）	貂鼠裘、驼蹄羹、酒肉臭、冻死骨	酒肉飘香、流离失所、尸横遍野	悲愤、伤心、不满、痛苦……	悲	
《闻官军收河南河北》	涕泪满衣裳、漫卷诗书喜欲狂等	泪流满面、相拥而泣……	喜极而泣	喜	

设计意图：对后两首诗，让学生运用前面的方法进行自主阅读，探究、理解诗意，想象画面，体会诗人的家国情怀。两首不同风格的古诗，都表现出作者忧国忧民的情怀要，要让学生在交流诵读中，悟出诗人的"悲喜总关情"。

（四）诵诗歌，学做人

任选一首诗歌诵读，体会诗人的家国情怀。

推荐课外阅读《石壕吏》《茅屋为秋风所破歌》。

杜甫一生颠沛流离，历尽磨难，可依然心系国家，关心人民，人格高尚。希望同学们好好学习，传承文化，做一个有"根"的中国人。

设计意图：通过课外拓展阅读杜甫的诗歌，学生能更全面地了解诗人，理解诗人的生活，理解诗人的情怀，理解诗人所留下的文化，以激发学生的爱国热情，教育学生做一个有"根"的中国人。

诗中有画，画中有诗

四川省资阳市雁江区第二小学　黄为华

适合年级：四年级

学习文本：

1. 惠崇春江晓景二首
〔宋〕苏轼

竹外桃花三两枝，春江水暖鸭先知。
蒌蒿①满地芦芽②短，正是河豚③欲上④时。

注释：

①蒌蒿：草名，有青蒿、白蒿等种。②芦芽：芦苇的幼芽，可食用。③河豚：鱼的一种，肉味鲜美，但是卵巢和肝脏有剧毒。每年春天逆江而上，在淡水中产卵。④上：指逆江而上。

2. 山居秋暝①
〔唐〕王维

空山②新③雨后，天气晚来秋。
明月松间照，清泉石上流④。
竹喧⑤归浣女⑥，莲动下渔舟。
随意⑦春芳⑧歇⑨，王孙⑩自可留⑪。

注释：

①暝：日落，天色将晚。②空山：空旷、空寂的山野。③新：刚刚。④清泉石上流：这句写的是雨后的景色。⑤竹喧：竹林中笑语喧哗。喧，喧哗，这

里指竹叶发出沙沙声响。⑥浣（huàn）女：洗衣服的姑娘。浣，洗涤衣物。⑦随意：任凭。⑧春芳：春天的花草。⑨歇：消散，消失。⑩王孙：原指贵族子弟，后来也泛指隐居的人。⑪留：居。

3. 鸟鸣涧①

〔唐〕王维

人闲②桂花③落，夜静春山④空⑤。
月出惊⑥山鸟，时鸣⑦春涧中。

注释：

①鸟鸣涧：鸟儿在山涧中鸣叫。②人闲：指没有人事活动相扰。闲，安静、悠闲，含有人声寂静的意思。③桂花：此指木樨，有春花、秋花等不同品种，这里指春天开花的品种。④春山：春日的山，亦指春日山中。⑤空：空寂、空空荡荡。这里形容山中寂静无声，好像空无所有。⑥惊：惊动，扰乱。⑦时鸣：偶尔（时而）啼叫。

4. 画

〔唐〕王维

远看山有色①，近听水无声。
春去花还在，人来鸟不惊②。

注释：

①色：颜色，也有景色之意。②惊：吃惊，害怕。

【议题解析】

这四首诗都有写景，为我们呈现出一幅幅美丽的山水图，其中《惠崇春江晓景二首》是苏轼为惠崇所绘的鸭戏图而作的题画诗。《山居秋暝》为山水名篇，诗人写了初秋时节山居所见雨后黄昏的景色。《鸟鸣涧》中，诗人生动地勾勒出一幅"鸟鸣山更幽"的诗情画意图。《画》是一首画作欣赏诗，作者通过文字的描述，把一幅本是静止的画变成了一幅美丽的风景卷轴展现出来。研读这四首诗，我们不仅能从作者的字里行间欣赏到一幅幅如画美景，还能感受到作者借助对祖国大好河山的描写，或抒发对大自然的喜爱之情，或寄托自己的高尚情操，或以环境烘托自己的理想境界。我们将这四首诗串联在一起学习，让学生通过对比学习找出诗句中作者切实描写的景物，脑海中以一种种景物串成一幅幅画面，悟得学习山水诗的方法，感受这类诗作者的感情或情操等。除此之外，这组诗选取的是唐宋时期的山水诗。在唐代，国家统一、繁荣、富强，许多诗人的足迹遍及大江南北、黄河上下，山水自然成了诗人的朋友或诗人自己的化身，从而人和大自然、情和景契合交融，达到化境。自唐代起，山水诗里更多了两种感情，即热爱祖国的感情和热爱生活的感情。洋溢在山水诗里的那种民族自豪感和自信心，那种积极健康的生活情趣，是我们需要汲取的精神营养。

【教学目标】

（1）运用默读、诵读、勾画、批注等阅读方法欣赏一组描写山水画的古诗。

（2）感受诗中有画、画中有诗的韵味。

（3）借助以描写祖国大好河山为载体的古诗，感受作者对大自然的喜爱之情，激发学生热爱大自然、热爱祖国大好河山的感情。

【教学重点】

欣赏古诗，感受诗中有画、画中有诗的韵味，并积累古诗。

【教学难点】

体会作者的感情，激发学生热爱大自然、热爱祖国大好河山的感情。

【教学时间】

40~60分钟。

【教学过程】

（一）欣赏美景

欣赏我国大好河山的景色（出示图片）。同学们，你们都看到了什么？倘若此刻你们也置身于这些美景中，你们用什么来表达现在的心情呢？古人在游历大好河山时，往往用古诗来记录游山玩水的心情，如这首脍炙人口的《惠崇春江晓景二首》，它的作者是宋代的苏轼，那么你了解的苏轼是什么样的？

设计意图：欣赏我国的大好河山，美景如诗如画，引出古人借吟诵诗词表达情感的方式。

（二）学习古诗《惠崇春江晓景二首》，感受诗中画

1. 读

（1）自由读，个别读。

（2）正音。

（3）师范读，生齐读。

2. 说

结合注释，试着用自己的话说说诗句的意思。

3. 找（诗中景）

默读古诗，找出古诗中的景物，用笔圈出来。

4. 想（诗中法）

（1）根据景物想象诗中描绘的画面，可以大胆想象，将景物说具体。

（2）作者是怎样将这些景物描绘具体的呢？（如经验、想象、寓情于景）

（3）单独给心中的画命名（如"春江鸭戏图"），并说明理由。

5. 悟（画中情）

引导学生体会诗人的感情。

6. 赏

（1）赏析《惠崇春江晓景二首（节选）》图。

（2）背诵古诗《惠崇春江晓景二首》。

（三）小结学习方法，表格统整。（表1）

表1

篇目	诗中景	诗中法	画中情
《惠崇春江晓景二首》	竹林、桃花、鸭、蒌蒿……	想象	热爱江南美景

学习方法：六步骤——读、说、找、想、悟、赏。

设计意图：以《惠崇春江晓景二首》为例，引导学生感受诗意，进而想象诗中画面，体会诗人表达的情感及寄情于景的表达方式。

（四）小组合作学习古诗《山居秋暝》《鸟鸣涧》

过渡：苏轼《东坡题跋·书摩诘〈蓝田烟雨图〉》："味摩诘之诗，诗中有画；观摩诘之画，画中有诗。"有谁知道我们的大文豪苏轼这句话赞扬的是哪位诗人呢？（王维）

今天我们就一起来学习王维的一组山水诗，感受其诗中画、画中诗。

1. 齐读议题

王维最重要的成就在于开创了诗情画意的境界，让诗与画在意境上交融，赋予诗真正的气韵、生动的美感，让诗的情怀进入了绘画，逐渐成为重要的审美标准之一。

2. 出示合作学习要求，指名读

自学提示：

（1）多读古诗，借助注释理解诗意。

（2）填写学习单。（表2）

表2

篇目	诗中景	诗中法	画中情
《山居秋暝》			
《鸟鸣涧》			

3. 小组合作学习，完成学习单

结合学习《惠崇春江晓景二首》的方法，指导小组进行学习。

4. 分享交流

结合填写的学习单汇报。例如：

（1）作者在诗中描写了哪些景物呢？诗中又呈现出一幅怎样的画面呢？

（2）你在诗中学到了描写景物的什么方法呢？

（3）你在诗中能感受到作者怎样的感情呢？

（4）此情此画尽在诗中，再诵读古诗。

5. 梳理三首诗的异同

读三首古诗，你有没有什么新的发现？

展示表格。（表3）

表3

篇目	诗中景	诗中法	画中情
《惠崇春江晓景二首》	竹林、桃花、鸭、蒌蒿……	想象	热爱江南美景
《山居秋暝》	泉水、青松、翠竹、青莲……	寄情于景	高洁的情不 热爱大自然
《鸟鸣涧》	桂花、山、月、鸟……	以动衬静	热爱大自然

学生畅谈发现，如：不同景物串成画面，画中隐藏相同的感情；方法是将诗、画、情融为一体。

（五）学习古诗《画》，感受画中诗

（1）欣赏一幅画，说"画中景"。

（2）猜一猜它是哪首诗？

（3）读古诗《画》，感受诗中画、画中诗。

（六）总结

每一首诗都是一幅不朽的画作，每一幅画中又隐藏着诗人深厚的情感。

设计意图： 通过由苏轼的《惠崇春江晓景二首》这一"1"的探究学习方法，到王维的《山居秋暝》《鸟鸣涧》《画》等"X"的学生小组合作探究和分享，借苏轼的题画诗及苏轼对王维的赞扬，引出王维的诗，在引导学生将在《惠崇春江晓景二首》（节选）中所习得的学法进行实践的同时，鼓励学生发挥想象力，感受诗中有画、画中有诗的韵味，探寻学习其他山水诗的方法，熟读成诵。这几首诗描写的都是山水田园风光，虽然取景不同，描写的方法亦不同，但都表达了作者对祖国山河的热爱之情。

一样孩童，别样童趣

四川省高县硕勋小学　李小燕

适合年级：三年级

学习文本：

1. 舟过安仁①
〔宋〕杨万里

一叶渔船两小童，收篙②停棹③坐船中。
怪生④无雨都张伞，不是遮头是使风⑤。

注释：

①安仁：县名，1914年因与湖南安仁县同名而改名余江县。②篙：撑船用的竹竿或木杆。③棹：船桨。④怪生：怪不得。⑤使风：诗中指两个小孩用伞当帆，借助风力推动渔船向前行驶。

2. 宿新市徐公店①
〔宋〕杨万里

篱落②疏疏③一径深④，树头花落未成阴⑤。
儿童急走⑥追黄蝶，飞入菜花无处寻。

注释：

①宿新市徐公店：新市，地名。今浙江省德清县新市镇。徐公店，姓徐的人家开的酒店。②篱落：篱笆。③疏疏：稀疏。④深：深远。⑤阴：树叶茂盛浓密而形成的树荫。⑥急走：奔跑。

3. 稚子①弄冰

〔宋〕杨万里

稚子金盆脱晓冰②,彩丝穿取当银钲③。
敲成玉磬④穿林响,忽作玻璃⑤碎地声。

注释:

①稚子:指幼小的孩子。②脱晓冰:这里指儿童晨起,从结成坚冰的金属盆里剜冰。③钲:指古代的一种像锣的乐器。④磬(qìng):古代打击乐器,形状像曲尺,用玉石制成,可以悬挂在墙上。⑤玻璃:指古时候的一种天然玉石,也叫水玉,并不是现在的玻璃。

4. 桑茶坑①道中

〔宋〕杨万里

晴明风日雨干时,草满花堤②水满溪。
童子③柳阴④眠正着,一牛吃过柳阴西。

注释:

①桑茶坑:地名,在安徽泾县。②草满花堤(dī):此处是倒装,即花草满堤。③童子:儿童,未成年的男子。④柳阴:柳下的阴影。诗文中多以柳荫为游憩佳处。

5. 安乐坊牧童

〔宋〕杨万里

前儿牵牛渡溪水,后儿骑牛回问事。
一儿吹笛笠簪花①,一牛载儿行引子②。
春溪嫩水清无滓③,春洲④细草碧无瑕。
五牛远去莫管它,隔溪便是群儿家。
忽然头上数点雨,三笠四蓑赶将去⑤。

注释:

①笠簪花:斗笠上插着鲜花。②行引子:走在前面。③无滓:(水)清澈干净,没有杂物。④春洲:春天的河洲。⑤赶将去:回家。

【议题解析】

在群文阅读中，议题就是教学的一组选文中所蕴含的可以引发教师和学生展开讨论、探讨的话题。议题是灵魂，决定着群文阅读收效的高低。议题具有两个非常重要的特征：可议论性和开放性。其中，可议论性是最重要的。

《舟过安仁》中杨万里笔下两个孩童的可爱伶俐和思维的敏捷，让读者为之愉悦。《宿新市徐公店》中"急走"与"追"相结合，儿童们那种双手扑扑打打、两脚跌跌撞撞追蝶的兴奋、欢快场面就历历在目了，反映了儿童们的天真活泼。《稚子弄冰》中孩子弄冰的场景充满了乐趣，绘声绘色地表现出儿童以冰为钲、自得其乐的盎然意趣。《桑茶坑道中》一诗中动静结合，在我们饶有兴味地观赏牧童在柳荫下酣然大睡，远望他的牛吃草吃到柳林西边的时候，不知不觉置身画面之中了。《安乐坊牧童》中牛儿、牧童两相逍遥的情态，颇有物我两忘、率性而动的天然之趣。

这组古诗都是写儿童生活的，活动的场面都非常有情趣，并都取材于生活小事，语言清新自然，情感真挚，都表达了诗人对儿童的喜爱和对童真生活的羡慕。但细细品味会发现，在古诗的画面中，儿童的活动内容不一样，作者运用的表达方式不一样，所表达的儿童生活状态和情趣重点也不一样。

总之，我们在对同一个议题的自主阅读、探究中，想象画面，体会童真童趣，通过展开阅读和集体建构，可以从不同的侧面最大限度地去提高学生理解的效果。

【教学目标】

（1）运用诵读、批读、交流等方法，阅读杨万里关于"童趣"的一组古诗，能用自己的话说出诗句的意思。

（2）在理解诗意的基础上，想象古代儿童活动的画面，体会杨万里笔下的"一样孩童，别样童趣"，感受古代儿童生活的丰富性与趣味性。

（3）体会诗歌表达的情感，激发内心深处对生活的热爱。

【教学重点】

引导学生运用诵读、批读、交流等方法阅读这五首古诗，能用自己的话说出诗句的意思，并想象古代儿童活动的画面，感受古代儿童生活的丰富性与趣味性。

【教学难点】

赏析每首诗选词用语的妙处，感悟杨万里笔下的"一样孩童，别样童趣"，并在组诗诵读中积累这些歌咏童真的千古名篇。

【教学准备】

PPT。

【教学时间】

40～60分钟。

【教学过程】

（一）诗词接力，游戏童年

（1）情境创设，诗词接力。

PPT出示与童趣相关的一些诗词，师生玩诗词接力的游戏。

齐读诗词，教师小结。

（2）走近诗人，谈话引入。

PPT出示介绍杨万里的资料。

指名背诵积累过的杨万里的诗歌。

（二）共读画面，初识童心

（1）初读古诗《舟过安仁》，把不认识的字画出来。

（2）指名朗读，适时指导。

（3）结合注释读懂古诗，并和同桌交流。

（4）学生交流诗意。

（5）感悟童心。

这首诗描绘了一幅孩童图。最有趣的诗句是_____。这首诗写古代的儿童在_____，写出了儿童的_____。你是从哪个字或词感受到的？为什么？

（6）交流分享，相机指导朗读。

（7）带着感情再读这首诗，看看眼前出现了怎样的画面。

生生互动，师生交流。

教师小结。配乐朗诵，再试着背诵。

（三）求同比异，感受童真

（1）回顾共读，习得学法。

梳理阅读《舟过安仁》的方法：读诗—释义—讨论—想象—诵读。

（2）自读古诗，疏通诗意。

借助资料和注释，学生自学组诗：《宿新市徐公店》《稚子弄冰》《桑茶坑道中》《安乐坊牧童》。

（3）议题统领，感受童真。

过渡引出话题："一样描写孩童，为何写出的是不一样的童趣？"

PPT出示方法提示：

① 小组成员共读古诗。

② 借助注释，说一说诗句的意思。

③ 讨论：这首诗描绘了一幅孩童图。最有趣的诗句是_____。这首诗写古代的儿童在_____，写出了儿童的_____。你是从哪个字或词感受到的？为什么？

④ 诵读。

（4）切分议题，交流分享。

学生汇报，教师相机点评、指导朗读，PPT出示表1。

表1

古诗	儿童在干什么？	写出了儿童的什么？	表达了诗人的什么情感？
《舟过安仁》	以伞当帆	聪明伶俐	对孩童的喜爱和赞赏
《宿新市徐公店》	追蝴蝶	天真活泼	对孩童的喜爱
《稚子弄冰》	剜冰	顽皮可爱	对孩童的喜爱
《桑茶坑道中》	放牛	无忧无虑	对孩童的喜爱和羡慕
《安乐坊牧童》	放牛、骑牛、吹笛	悠闲自在	对孩童的喜爱和羡慕

（5）练习背诵。

（6）求同比异。

① 它们的相同之处是什么？

② 它们的不同之处是什么？

(四)梳理统整,升华童趣

(1)梳理统整。

现在我们还在玩哪些游戏?

共识:时代在变,生活在变,儿童的特点不变。

(2)作业延伸。

从本课的五首诗中选一首自己最喜欢的诗,把想到的画面画下来或用文字描绘出来。

感受古诗词中的童趣

四川省长宁县第一实验小学　马智英

适合年级：三年级

学习文本：

1. 池上
〔唐〕白居易

小娃①撑小艇②，偷采白莲回。
不解③藏踪迹，浮萍④一道开。

注释：
①小娃：男孩儿或女孩儿。②艇：船。③解：知道。④萍：池塘里的水草。

2. 牧童
〔唐〕吕岩

草铺横野①六七里，笛弄②晚风三四声。
归来饱饭黄昏后，不脱蓑衣③卧月明。

注释：
①横野：宽阔的原野。②弄：逗弄。③蓑衣：棕或草编的外衣，用来遮风挡雨。

3. 舟过安仁①
〔宋〕杨万里

一叶渔船两小童，收篙②停棹③坐船中。

怪生④无雨都张伞，不是遮头是使风⑤。

注释：

①安仁：县名，1914年因与湖南安仁县同名而改名余江县。②篙：撑船用的竹竿或木杆。③棹：船桨。④怪生：怪不得。⑤使风：诗中指两个小孩用伞当帆，借助风力推动渔船向前行驶。

4. 清平乐①·村居
〔宋〕辛弃疾

茅檐②低小，溪上青青草。醉里吴音③相媚好④，白发谁家翁媪⑤？
大儿锄豆⑥溪东，中儿正织⑦鸡笼。最喜小儿亡赖⑧，溪头卧剥莲蓬。

注释：

①清平乐（yuè）：原为唐教坊曲名，后用作词牌名。②茅檐：茅屋的屋檐。③吴音：吴地的方言。④相媚好：指相互逗趣，取乐。⑤翁媪（ǎo）：老翁、老妇。⑥锄豆：锄掉豆田里的草。⑦织：编织，指编织鸡笼。⑧亡（wú）赖：这里指小孩顽皮、淘气。亡，通"无"。

5. 所见
〔清〕袁枚

牧童①骑黄牛，歌声振②林樾③。
意欲④捕⑤鸣⑥蝉，忽然闭口立⑦。

注释：

①牧童：指放牛的孩子。②振：振荡，回荡。说明牧童的歌声嘹亮。③林樾（yuè）：指道旁成荫的树。④欲：想要。⑤捕：捉。⑥鸣：叫。⑦立：站立。

【议题解析】

古诗是中华传统文化的精髓，古代诗歌内容丰富、情感真挚，许多诗读起来朗朗上口，千古流传。其中，有很多古诗是描写儿童有趣的生活，表达儿童无忧无虑、天真烂漫的天性的。读这些古诗能引起学生的共鸣，激发学生的阅读兴趣。

《池上》中，几个小孩儿偷偷地撑着小船摘莲，自以为谁都不知道，可是小船驶过，划开的浮萍泄露了他们的秘密。小主人公天真幼稚、活泼淘气的可爱形象跃然纸上，栩栩如生。《牧童》这首诗反映了牧童生活的快活与闲适。《舟过安仁》中，张伞不是"遮头"，而是"使风"，展现了无忧无虑的两个小渔童充满童稚的奇思妙想。《清平乐·村居》中，那卧剥莲蓬的小儿子顽皮、淘气，很招人喜爱。《所见》中，小牧童那屏住呼吸、眼望鸣蝉的神情，显得特别专注，把小牧童天真烂漫、机灵可爱的形象刻画得活灵活现。

这组古诗描写儿童活动的场面都非常有情趣，并取材于生活小事，语言清新自然、情感真挚，表达了诗人对儿童的喜爱。虽然几首诗的朝代不同，作者的表达方式不同，但儿童天真、可爱、贪玩、调皮、聪明等天性是一样的。教学时，可以这样确定议题：走进古诗中的儿童生活，看看古代的儿童生活，看着他们的乐趣在哪里。我们以"问题"的形式呈现议题，让学生明白要"学什么"。然后让学生围绕议题阅读、思考、表达，最终达成共识，在诗词群文的学习中提升语文素养。

【教学目标】

（1）阅读这五首古诗，读懂诗句的意思，并想象古代儿童活动的画面。

（2）引导学生通过看图、朗读、交流、表演等，感受诗中的童趣。

（3）引导学生赏析每首诗选词用语的妙处，感悟古诗是怎样把儿童的各种情态表现出来的。

（4）激发学生热爱生活、乐观向上的品质。

【教学重难点】

（1）引导学生通过看图、朗读、交流、表演等，感受诗中的童趣。

（2）引导学生赏析每首诗选词用语的妙处，感悟古诗是怎样把儿童的各种情态表现出来的。

【教学准备】

PPT、阅读材料。

【教学时间】

45分钟。

【教学过程】

（一）聊天激趣，共同感受《池上》中的童趣

（1）孩子们平时都喜欢玩儿什么呢？学生交流。

（2）我们看看图中的小朋友在哪里，在干什么呢。这让我们联想到一首诗——《池上》。（出示PPT）。

（3）我们一起来读读这首诗。（师范读，自由读，指名朗读）

（4）看图，结合注释，用自己的话说说大意。（同桌交流）

（5）思考：（PPT出示）这首诗最有趣的诗句是＿＿＿＿＿＿。（用横线画出来）这首诗写古代的儿童在＿＿＿＿（干什么），写出了儿童的＿＿＿＿。（悠闲、自在、天真……）你是从哪个字或词感受到的？为什么？

（6）抽生读。一定要读出"趣"字。读的时候突出你觉得有趣的那个字或词，圈出这些字或词。

（7）引导学生齐读，边读边想象画面，感受儿童的乐趣。

（二）总结方法，自己感受另外四首诗中的童趣

（1）梳理学习《池上》中感受童趣的方法。

① 看图、读诗、释义、勾画、想象（有趣诗句，儿童的活动，选词用语写法的妙处）。

② 读诗，边读边批。

（2）下面我们运用以上方法，来学习另外四首诗，看看唐代、宋代、清代的儿童都有什么样的有趣生活。

① PPT出示：《牧童》《舟过安仁》《清平乐·村居》《所见》。自由读：把这四首古诗朗读一遍。

② 分组学习：拿出资料，小组长带领成员学习自己小组要学的诗。方法提示：

a. 小组成员一起读一读这首诗。

b. 借助注释，说一说诗句的意思。

c. 讨论：这首诗最有趣的诗句是＿＿＿＿＿＿。这首诗是写古代的儿童在＿＿＿＿＿＿，写出了儿童的＿＿＿＿＿＿。你是从哪个字或词感受到的？为什么？

d. 这首诗让你想到了一个怎样的古代儿童的活动画面。

e. 诵读。

(3) 汇报交流,彼此分享。

① 学生汇报,教师相机点评或指导朗读并展示。(表1)

表1

古诗	诗中最有趣的诗句	诗中的儿童在干什么?	写出了儿童的什么?
《池上》	不解藏踪迹,浮萍一道开	采白莲	天真淘气
《牧童》	归来饱饭黄昏后,不脱蓑衣卧月明	月光下睡觉	轻松闲适
《舟过安仁》	怪生无雨都张伞,不是遮头是使风	驶船	天真聪明
《清平乐·村居》	最喜小儿亡赖,溪头卧剥莲蓬	卧剥莲蓬	顽皮淘气
《所见》	意欲捕鸣蝉,忽然闭口立	唱歌、欲捕蝉	天真机灵

② 背一背小组交流的诗。

(4) 梳理总结。

① 今天,在短短的一节课中,我们阅读了五首描写儿童生活的充满情趣的古诗。这些古诗有什么共同点呢?

a. 都是写儿童生活的,儿童活动的场面都非常有情趣。

b. 都取材于生活小事,儿童都天真、可爱、贪玩、调皮、聪明……(板书)

② 我们是怎样去感受古诗中的童趣的呢?

看图、读诗、勾诗句、圈重点字词等。(板书)

苏轼诗中的美食人生

四川省资阳市雁江区第七小学　邱　琼

适合年级：五、六年级

学习文本：

1. 於潜①僧②绿筠轩
〔宋〕苏轼

宁可食无肉，不可居无竹。

无肉令人瘦，无竹令人俗。

人瘦尚可肥，士俗不可医。

傍人笑此言，似高还似痴。

若对此君③仍大嚼，世间那有扬州鹤④？

注释：

①於潜：旧县名，在今浙江省，县南有寂照寺，寺中有绿筠轩。②僧：名孜，字惠觉，出家于於潜县的丰国乡寂照寺。③此君：竹子。④扬州鹤：据传说，有四人谈论平生最快意之事，一人希望多财，一人说宁愿骑鹤做神仙，另一人希望做扬州太守，最后一人说："腰缠十万贯，骑鹤上扬州。"意思是三者得兼。

2. 初到黄州
〔宋〕苏轼

自笑平生为口忙①，老来事业转荒唐。

长江绕郭②知鱼美，好竹连山觉笋香。

逐客③不妨员外置，诗人例作水曹郎④。

只惭无补丝毫事，尚费官家压酒囊⑤。

注释：

①为口忙：语意双关，既指因言事和写诗而获罪，又指为谋生糊口，并呼应下文的"鱼美"和"笋香"的口腹之美。②郭：外城。③逐客：贬谪之人，作者自谓。④水曹郎：隶属水部的郎官。⑤尚费官家压酒囊：作者自注——"检校官例折支，多得退酒袋。"压酒囊，压酒滤糟的布袋。宋代官俸一部分用实物来抵数，叫折支。

3. 惠崇①春江晚景二首（节选）
〔宋〕苏轼

竹外桃花三两枝，春江水暖鸭先知。

蒌蒿（lóu hāo）满地芦芽短，正是河豚②欲上③时。

注释：

①惠崇：北宋名僧，能诗善画。②河豚：鱼的一种，学名"鲀"，肉味鲜美，但是卵巢和肝脏有剧毒。③上：指逆江而上。

4. 惠州一绝/食荔枝
〔宋〕苏轼

罗浮山①下四时春，卢橘②杨梅次第新。

日啖荔枝三百颗，不辞长作岭南③人。

注释：

①罗浮山：在广东博罗、增城、龙门三县交界处，长达百余公里，峰峦四百多，风景秀丽。②卢橘：橘的一种，因其色黑，故名。但在东坡诗中指枇杷。卢，黑色。③岭南：古代被称为南蛮之地。

【议题解析】

苏轼是宋代文学最高成就的代表，其诗题材广泛，清新豪健，善用夸张比喻，独具风格。但苏轼的一生是跌宕的一生，其人生境遇在其诗词创作中显露端倪。

宋代饮食风气精致细腻，文人士大夫以谈论饮食、聚友品饮为乐，以诗文描述饮食为雅，苏轼是其中的典型代表。

1073年春，苏东坡出任杭州通判。此时的苏轼仕途坦荡，作《於潜僧绿筠轩》，其中"宁可食无肉，不可居无竹"表明若名节与口福冲突，宁可保清节，潇洒弃口福，这便是苏轼的饮食观。

元丰二年（1079年），苏轼到任湖州不足三月，就因作诗讽刺新法被捕下狱。出狱后，苏轼被降职为黄州团练副使，职位低微，无实权。"长江绕郭知鱼美，好竹连山觉笋香"，即使生活艰难，仕途受阻，他也积极乐观，探寻美食，寄托风骨。

苏轼饱学聪慧，善于创新，无论到何地都能入乡寻奇，充分发掘当地食材，创造美食。本组选文将苏轼在不同时期、不同境遇下对美食的发掘和创造及从中折射出的不同时期对生活、对人生的态度结合起来。结构化阅读，不仅有助于学生透过诗词了解大文豪苏轼的别样人生，还有利于学生积极、豁达的人生观的塑造。

【教学目标】

（1）诵读一组古诗，在理解诗意的基础上，体会诗歌表达的情感。

（2）引导学生发现诗中的美食，并在"比、对、读、议"中结构化地理解苏轼为何无论到何地都能入乡寻奇，充分发掘当地食材，创造美食。

（3）感悟苏轼在发现、创造美食的过程中折射出的人生态度。

【教学重难点】

探索美食是如何被诗人发掘、创造及折射出诗人的人生态度和情感的。

【教学时间】

50分钟。

【教学过程】

（一）读《猪肉颂》，揭示议题

（1）同学们，请你们自由读这首与美食有关的词，想一想：这首词和哪一位文学家有关？又和哪一道名菜有关？你或许还会想起有关这位诗人与名菜的一个典故。

（2）民以食为天。古诗中不仅有风花雪月、有壮志豪情，还有饕餮美食。当古诗与美食相遇，会碰出怎样的火花呢？

（读课题）

（二）探寻美食文化，习得学法

（1）读通读顺。大家已对四首古诗进行了预习，（出示《於潜僧绿筠轩》）请一名同学来读一读这首诗。（正音）

（2）请结合注释和译文，试着用自己的话说说诗句的意思。

（3）大文豪苏轼被贬黄州之后，在困顿之中寻求豁达，在贬谪之中寻觅乐趣，独创荤食，且随百姓对苏轼的崇敬而流播四方。

① 苏轼不仅爱创制荤食，对荤食也有独到的理解。请自读本诗，找找相关的句子。

（播放《晋书·王徽之传》微课视频）

原来，这"宁可食无肉，不可居无竹"便是借此典而颂於潜僧。

② "无肉令人瘦，无竹令人俗"，结合上句的理解谈谈你对这句诗的感悟。

③ 和同桌讨论：如何理解诗人对俗士的调侃和反诘："若对此君仍大嚼，世间那有扬州鹤？"（补充本句诗中的用典）

④ 再读本诗，你有什么发现？（学生畅谈发现）

⑤ 师生共同小结。

诗歌用典抒情，并借"腰缠十万贯，骑鹤上扬州"语出新意——若名节与口福冲突，宁可保清节，潇洒弃口福，这便是苏轼的饮食观。

（三）寻找美食，探求食中真味

1. 明白要求

我们用这样的方法来读读另外两首诗。

出示自学提示：

（1）自读古诗，借助注释理解诗意。

（2）填写学习单。

（3）想想诗中所蕴含的人生态度。

2. 学生自学

学生独立阅读思考，完成学习卡的填写。（表1）

表1

篇目	写作时间	写作地点	食物	特点	人生态度

3. 分享交流

（1）小组分享一下，说不定你会受到启发，可以进一步修改你的批注。

（2）全班交流《初到黄州》。

① 结合你填写的学习单，说说关于这首诗中的食物，你有什么发现。

② 苏轼在何时何地写了这首诗？表现了他的何种情感？

③ 小结：苏轼喜做美食的原因之一是薪俸太低，自制美食既可调节饮食，又可减少支出，以有限的薪俸支付一家老小的生活，看似浪漫，实则心酸。

（3）全班交流《惠崇春江晚景二首》（节选）。

① 结合填写的学习单，说说关于这首诗中食物的发现。

味美却有毒的河豚也是苏轼常吃常新的美味，这首逍遥自在的七言绝句更是写了春天的竹笋、肥鸭、野菜、河豚，真可谓是一句一美食。

② 学生畅谈感受。

③ 师生小结：

苏轼到餐馆冒死品尝河豚，出来后他人问起味道如何，苏轼直截了当地回答说："值得一死！"冒死追求美味的精神是苏轼与天地融于一体的表现。

（4）全班交流《惠州一绝/食荔枝》。

过渡：餐后再来点美味水果吧。

① 说说岭南的特色风物。

② 岭南在当时为蛮荒之地，谪臣到此，颇多哀怨嗟叹之辞，而苏轼如何感叹？抱有什么样的人生态度？

4. 再次统整

梳理三首诗的探索成果，以表格形式呈现：同学们，探究完了三首诗，你们有没有什么新的发现？

学生畅谈发现。

小结：苏轼即使在颠沛流离中，也能充分挖掘和散发一草一木、一蔬一果原有的美。

（四）品读诗歌，感悟情感

1. 诗中之食

根据学习单，统整发现：诗人为何在每个人生阶段都会在诗中描写食物，他想要传递的到底是什么？

2. 分享交流

在小组内发表观点，而后集体交流。

3. 小结

苏轼是一位文坛巨匠，他的诗歌流传千古；他是一位美食家，发明了诸多美食；他是一位政治家，宦海沉浮，历经坎坷，三次被贬。但对于苏轼来说，即使是在颠沛流离之时，也能在舌尖上找到乐趣，将寡淡无味的食物变成美心、美趣、美乐的享受。

4. 诵读感悟

1073年春，苏东坡出任杭州通判时，仕途正顺利的他喜爱荤食，并对荤食有自己独特的见解。读：宁可食无肉，不可居无竹。

1079年，苏轼因"乌台诗案"受牵连，被贬到黄州。微薄的俸禄无法养活家人，他却没有半分被贬官的悲哀。读：长江绕郭知鱼美，好竹连山觉笋香。

1094年，苏东坡又被贬谪岭南，年近花甲，背井离乡，却依然怀揣一颗热爱生活的心。读：日啖荔枝三百颗，不辞长作岭南人。

5. 认识升华

真正的生活就是满满的烟火气，美食家苏轼坦然豁达地将日子过成了诗，完美诠释了唯有自我与美食不可辜负！

铁骨柔情辛弃疾

成都市新都区新都镇谕亭小学　李利会

适合年级：六年级

学习文本：

1. 清平乐·村居
〔宋〕辛弃疾

　　茅檐①低小，溪上青青草。醉里吴音②相媚好，白发谁家翁媪③？

　　大儿锄豆溪东，中儿正织鸡笼。最喜小儿亡赖④，溪头卧剥莲蓬。

注释：

①茅檐：茅屋的屋檐。②吴音：吴地的方言。③翁媪（ǎo）：老翁、老妇。④亡（wú）赖：这里指小孩顽皮、淘气。亡，通"无"。

2. 西江月·夜行黄沙道中
〔宋〕辛弃疾

　　明月别枝惊鹊，清风半夜鸣蝉。稻花香里说丰年，听取蛙声一片。

　　七八个星天外，两三点雨山前。旧时茅店社林①边，路转溪桥忽见②。

注释：

①社林：土地庙附近的树林。社，土地神庙。古时，村有社树，为祀神处，故曰社林。②见：同"现"，显现，出现。

3. 鹧鸪天①·陌上柔桑破嫩芽
〔宋〕辛弃疾

陌上柔桑②破嫩芽，东邻蚕种已生些③。
平冈细草鸣黄犊，斜日寒林④点暮鸦⑤。
山远近，路横斜，青旗沽酒⑥有人家。
城中桃李愁风雨，春在溪头荠菜花。

注释：

①鹧鸪天：词牌名。②陌上柔桑：小路旁柔弱的桑树。③已生些：指已孵出了小蚕。些（sā），句末语助词。④寒林：略感寒意的树林。⑤暮鸦：傍晚归巢的乌鸦。⑥沽（gū）酒：卖酒。

4. 青玉案①·元夕
〔宋〕辛弃疾

东风夜放花千树，更吹落、星如雨。宝马雕车②香满路。凤箫声动，玉壶③光转，一夜鱼龙舞。

蛾儿雪柳黄金缕，笑语盈盈暗香去。众里寻他千百度，蓦然回首，那人却在，灯火阑珊④处。

注释：

①青玉案：词牌名。案，读wǎn，与"碗"同音。②宝马雕车：豪华的马车。③玉壶：比喻明月，亦可解释为灯。④阑珊：零落稀疏的样子。

【议题解析】

辛弃疾最为人们所熟知的是豪放词，他一生以恢复中原为志，却命运多舛、壮志难酬，是一位铁骨铮铮的真英雄。小学阶段，学生或多或少都积累了一些他豪放词的经典句子，但也不乏一些清新、柔美的词，如《清平乐·村居》等，充满生活情趣，并且文字浅显，生动传神，很适合学生诵读。于是，确定"铁骨柔情"这一情感线，选取《清平乐·村居》等四首词。

拟由《清平乐·村居》作为文本"1"，引导学生共同探究，层进到《西江月·夜行黄沙道中》《鹧鸪天·陌上柔桑破嫩芽》《青玉案·元夕》等"X"的自主探究和交流分享，引导学生将习得的学法进行实践的同时，进一步感知、印证心中对辛弃疾不同的解读和评价，充分研究、汇报、品读、感悟，引导学生在统整中发现，四首词虽然都是辛弃疾婉约的词作，但所写的景物却不尽相同，诗人表现的"情"更有所不同，以此理解辛弃疾大开大合的人生轨迹中，也不乏发现真善美的慧眼、感知真善美的慧心和创造真善美的慧根。最后师生共读之前积累的豪放词名句，求同比异，感受辛弃疾抒发个人悲喜，更胸怀家国天下的精神世界。这样一步一步由单篇到群文，以"铁骨柔情"为线，伴随着对辛弃疾的多元解读，学生的"比对""研究""欣赏"等思维能力也可以得到提升。

【教学目标】

（1）诵读一组辛弃疾词作，在理解词意的基础上，体会词中表达的情感。

（2）引导学生发现辛弃疾婉约词作中的意象与情感，并在"比、对、读、议"中对辛弃疾进行多元化解读。

【教学重难点】

引导学生发现辛弃疾婉约词作中的意象与情感，并对辛弃疾进行多元化解读。

【教学准备】

（1）学生收集辛弃疾生平资料。

（2）积累、诵读辛弃疾作品，尤其是经典名句。

【教学时间】

50分钟。

【教学过程】

（一）谈话导入，揭示课题

（1）同学们，今天老师和大家一起走近南宋著名爱国词人辛弃疾。

（2）通过预习，你觉得他是一个怎样的人？

（3）是啊，就像大家所说的，辛弃疾就是这样一个气势如虹的大英雄，不过他也有细腻柔美的词。"惟大英雄本色，是真名士自风流。"铁骨柔情是辛弃疾的一大风格。

齐读课题。（板书：铁骨柔情辛弃疾）

（二）得意悟情，习得学法

（1）明词意。

① 出示《清平乐·村居》，指名朗读，正音齐读。

② 请结合注释和译文，用自己的话说说词的意思。抽生回答，其他学生评价补充。

（2）品词景。

① 边读边思考词中写了哪些景、人？

② 请描述一下你透过文字看到的画面。

③ 你觉得作者借这些景和人传递给我们什么呢？

④ 小结：人们常说，诗中有画，画中有诗，词也一样。作者用精练、生动的语句，通过写景与叙事，创造了诗情画意的艺术境界。让我们和辛弃疾一起，暂时卸下疲惫，一起徜徉在这恬静的村居里吧。（引读）

（3）悟词情。

① 采访一下，假如你就是辛弃疾，此时此刻你有什么感受？（安闲、陶醉、忘却、归隐，守护这美好……）

② 请用一个字表达辛弃疾此时的感受。（板书：醉）

③ 请你做辛弃疾的代言人，把他的陶醉和对生活的热爱通过诵读表现出来。（赛读）

（4）统学法。

我们刚才用了哪些步骤来学习这首词呢？请生小结，并出示图片和表格。（图1、表1）

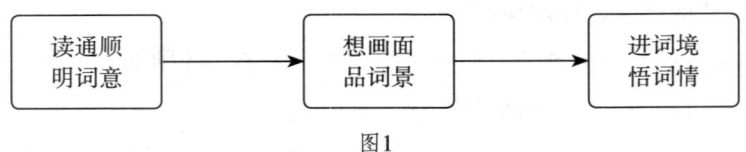

图1

表1

题目	品词景（物、人）	悟词情	用一个字或词概括
《清平乐·村居》	茅屋、小溪、青草、白发翁媪、大儿、二儿、三儿	对农村和平宁静生活的喜爱与向往	醉

我们印象中的辛弃疾，或许是金戈铁马、威风凛凛——（齐读）想当年，金戈铁马，气吞万里如虎；又或许是以身许国、慷慨悲歌——（齐读）了却君王天下事，赢得生前身后名。可怜白发生！但是读了《清平乐·村居》，我们看到了一个铮铮铁骨的汉子内心的柔软——（齐读）。

（三）学法迁移，再品柔情

（1）明晰要求。

用同样的方法读另外三首词。一组同学探索《西江月·夜行黄沙道中》，二组同学探索《鹧鸪天·陌上柔桑破嫩芽》，三组同学探索《青玉案·元夕》。

出示自学提示：

① 自读古诗词，借助注释、译文理解词意。

② 填写学习单。

③ 想想词人写的景、人和所要表达的情感有什么关联。（表2）

表2

题目	品词景（物、人）	悟词情	用一个字或词概括
《西江月·夜行黄沙道中》			
《鹧鸪天·陌上柔桑破嫩芽》			
《青玉案·元夕》			

（2）自学并填写学习卡。

（3）分享交流。

① 小组分享，完善批注。

② 交流汇报。

a.《西江月·夜行黄沙道中》。

学生交流，重点引导其交流词中景物及特色。（从视觉、听觉和嗅觉三个方面描写夏夜山村风光，情景交融，以动衬静……）

假如现在你就是辛弃疾，心情如何？为什么？生汇报。（板书：喜）

（引读）清风明月静我心，一喜也；稻花香兆丰年，二喜也；山雨欲来，却溪桥忽现，三喜也。

b.《鹧鸪天·陌上柔桑破嫩芽》。

这首词中的春天，给你留下最深刻印象的是什么景物呢？

生汇报。（板书：乐）

（引读）春已至乡间，到处勃勃生机。无论外界他人如何，春已至我心。

c.《青玉案·元夕》。

播放哈辉唱的《青玉案·元夕》，倾听交流。

生汇报。（板书：孤）

（引读）元宵夜的临安城，是那样让人心驰神往，物我两忘。我心中的那个美好的女子，她就在那里，就在我的心中。

（4）再次统整。

我们品读任何作品都不能脱离作者的人生阅历和历史背景，辛弃疾的铁骨与柔情，都是他波澜壮阔的一生的折射。出示完整学习卡，请学生结合辛弃疾生平用一两个词形容一下自己心中的辛弃疾。（表3）

表3

题目	品词景（物、人）	悟词情	用一个字或词概括
《清平乐·村居》	茅屋、小溪、青草、吴音、白发翁媪、大儿、二儿、三儿	对农村和平宁静生活的喜爱与向往	醉
《西江月·夜行黄沙道中》	明月、别枝、惊鹊、清风、鸣蝉、蛙声、星、雨、茅店、溪桥	对丰收之年的喜悦和对农村生活的热爱	喜
《鹧鸪天·陌上柔桑破嫩芽》	柔桑嫩芽、夕阳、山坡牛犊、鸦宿寒林、小路、酒肆、荠菜花	热爱乡野生活的情趣	乐
《青玉案·元夕》	灯海、烟火、车驾、美人、笑语、暗香	不贪图安逸和随波逐流的美好品格	孤

生汇报：我看到了一个（　　　　）的辛弃疾。

（5）学生诵读辛弃疾豪放词名句，全方位感受辛弃疾形象。

（四）感悟情怀，拓展阅读

（1）现在，同学们觉得"铁骨"和"柔情"同时用在辛弃疾身上，矛盾吗？生讨论。

（2）小结（PPT）。

鲁迅先生曾说："无情未必真豪杰，怜子如何不丈夫？"

郭沫若在赠陈毅元帅的诗中写道："一柱天南百战身，将军本色是诗人。"

很多真英雄往往都有着一颗柔软心，却把热血尽付家国天下。历尽艰辛、酸辛、悲辛，却不改初心，辛弃疾的爱国情怀影响着一代又一代的中国人，这便是中国人永远的家国情怀。

（3）拓展。

① 观看纪录片《南宋》。

② 阅读梁衡的《把栏杆拍遍》。

③ 思考：你还知道哪些铁骨柔情的人物？

杨状元诗中的春

成都市新都区新繁镇龙安中心小学　朱居娥

适合年级：三年级

学习文本：

1. 宿华亭寺①二首·其一
〔明〕杨慎

花树高于屋，红霞夜照人。
声声枝上鸟，也似②惜③余春④。

注释：
①华亭寺：位于云南省昆明市西山华亭山山腰。②似：好像。③惜：惋惜、舍不得。④余春：暮春、残春，意思是春日不多，春天即将过去了。

2. 出郊①
〔明〕杨慎

高田②如楼梯，平田③如棋局④。
白鹭忽飞来，点破⑤秧针⑥绿。

注释：
①郊：泛指城外、野外、郊外。②高田：梯田，即沿着山坡开辟的田畦。③平田：指山下平地上的田块。④棋局：象棋的棋盘。⑤点破：打破了。⑥秧针：水稻始生的秧苗。

3. 春二首·其二
〔明〕杨慎

行乐三春①好,春来②转③剧④愁⑤。
乡心⑥悲望远,莫⑦上最高楼。

注释:

①乐三春:也叫三春行乐,指春游。三春指春季的第三个月或三个月。②春来:春天到了。③转:反而,却。④剧:十分、更加。⑤愁:忧愁、难过。⑥乡心:思念家乡的心情。⑦莫:不要。

【议题解析】

结合我校少先队活动——升庵文化走进新都区龙安小学,让学生切实走近家乡历史文化名人——明代状元杨慎,并了解其在文学方面的巨大成就。通过诵读其诗词,了解杨慎曲折的人生经历,让学生体会他卓越的才情。因此,我选择了杨慎三首描写春天的古诗,这三首诗既浅显,又颇具代表性,非常适合三年级的学生诵读。在教学中通过引导学生寻找古诗中呈现的春天的景物和特有的活动,解读诗人是怎样借用这些景物和活动来抒发自己的情感的。《宿华亭寺二首·其一》是杨慎流放云南时期所作,诗人通过描写花树、晚霞及鸟鸣,表达惜春之情,是借景抒情的典型。《出郊》中,杨慎虽仅写了春天农村的秧田、田中的白鹭两种景物,但是一静一动、一碧一白,那静谧美妙的画面却能在我们脑海中诗意地延展开来,让我们不由自主地爱上这样的美景。《春二首·其二》中,杨慎通过描写行乐三春和登高望远的对比,以他人之乐,衬自己的悲愁,表现思乡的心境。三首古诗都写春,都将情寄托于春色之间,却又通过不同的春色表达不同的情感。

【教学目标】

(1)学习三首杨慎描写春天的古诗,进一步了解新都历史文化名人杨慎。

(2)通过寻找古诗中的春意感受诗人的情感。

(3)积累杨慎诗词,激发学生热爱家乡的情感。

【教学重点】

体会杨慎对春天的赞美、惋惜之情,感受他借春抒怀,寓情于景,思念家乡、思念亲人的愁苦。

【教学难点】

通过读诗句、觅春景，理解古诗意思，了解诗人借景抒情的方法。

【教学准备】

（1）课前开展中队活动，让学生深切感受杨慎家族家风家训的魅力与影响。

（2）诵读杨慎名篇《临江仙》。

（3）教学课件。

【教学课时】

50分钟。

【教学过程】

（一）课前破冰，生背诵写春的古诗

引入新课：

（1）出示主题"寻春"：我们正身处美丽的春天，让我们先寻找身边的春天，好吗？说说今年春天你都看到了哪些美丽的景物。（板书：景）生谈略。

师：是呀，外面的一草一木、鸟兽虫鱼都透露着浓浓的春意。

（2）可是，春天就要过去了，我真舍不得它，你们舍得它吗？我想借用一首古诗说说我此时的心情。（出示《宿华亭寺二首·其一》）

（二）学习古诗《宿华亭寺二首·其一》

（1）师范读。

（2）指名读。

（3）师：如果遇到不认识的字或读不懂的地方，我们可以怎样解决？

生：可以查字典、看注释、问老师、问同学……

（4）小声自读古诗，读准字音，读通诗句。说说你在哪些诗句中嗅到了"春天"的气息？（板书：找诗句）

预设A：

① 生：花树高于屋。

师：诗人看到了什么？生：花树。

师：诗人眼中，花树是什么样的呢？生：比房屋还高。

师出示花树图片，生用一句话赞美眼前这些花树。

师适时指名指导朗读。（板书：觅春景）

② 师：除了花树，诗人还看到了什么呢？

生：红霞夜照人。

师：这是一幅什么样的景象？

师：如果你就在这样一个花团锦簇、晚霞灿烂的傍晚吟诗作对，你会是什么样的心情？该不该赞美一下？

生有感情朗读。（板书：诵诗句）

③师：可是这么美的春景，诗人并不是第一个发现的，谁才是第一个发现的呢？你从哪句诗中发现的？

（鸟儿，"声声枝上鸟，也似惜余春。"）

师：鸟儿们在做什么？（唱什么？）

师："惜余春"是什么意思？你从哪个字看出鸟儿们舍不得春天？

生朗读。

师：仅仅是鸟儿舍不得春天吗？诗中还有谁舍不得春天？（肢体提示）让我们一起诵出对春天的不舍吧！师生齐诵。（板书：谈诗情）

欣赏华亭寺美图，生再次齐诵《宿华亭寺二首·其一》。

预设B：如果学生先提到"枝上鸟"，适时调整顺序。

（三）师小结学习方法

（1）师小结。

师：一切景语皆情语，诗人就是用眼前的这些景带给我们无限的惆怅。（板书：情）

这位了不起的诗人就是杨慎，他是我们新都著名的历史文化名人。（出示诗人介绍）

（2）师生交流学习方法。

找诗句、觅春景、诵诗句、谈诗情。

（补充：还可找活动，板书）

（四）小组合作，自学《出郊》《春二首·其二》

（1）杨慎喜欢写春天，也擅长写春天，接下来，继续我们的寻春之旅吧！（完善课题——杨慎笔下"寻春"）

（2）多种方式读通古诗。

（3）用刚才学习的方法，小组合作学习诗歌。

出示要求：

① 找出写春的诗句，完成表格。（表1）

表1

诗题	诗句	春景（或活动）	诗情
《出郊》			
《春二首·其二》			

② 抓春景（或活动），谈感受，用喜欢的方式组内诵读。

（4）小组交流汇报。（《出郊》略，适当指导《春二首·其二》）

（5）设置情境，理解"行乐三春好"：同学们，如果现在你们一家马上要去春游了，你们感觉怎么样？

生：想象……快乐。

师：春游时会看到哪些景色呀？你觉得这些景色怎么样？

生：想象……太美了。

师：再读"行乐三春好"，读出美景与快乐。

师：原来，春景藏在活动的后面，文字背后的内容依然精彩，景色更加迷人。

师：正值春光无限美好，可诗人却孤独、悲伤，不敢独上高楼，因为登高就要望远，望远就要思乡。（指导朗读后三句，体会诗人用他人的快乐衬托自己的悲伤。）

师：诗人从37岁就客居他乡，30多年，他得多思念亲人，多思念家乡啊！诵读全诗，体会思乡之情。

（6）拓展与总结。

唐代诗人王维也曾借九月九日登高望远来思念亲人，男生读《九月九日忆山东兄弟》。诗仙李白借月亮思念故乡，女生读《静夜思》。苏东坡借月思亲，全班读《水调歌头·明月几时有》。

他们和杨慎一样，都用自己的妙笔让诗歌景中有情、情中有景、情景交融，我们可以称之为"借景抒情"。

（五）诵诗会，总结

（1）组内、班内开展诵读比赛。

（2）总结：不同的景表达不同的感受，不同的感受诵出不同的情感，这就是杨慎带给我们的不一样的春意。

（六）课外拓展，升华情感

（1）欣赏电视剧《三国演义》主题曲，介绍杨慎。

①《临江仙·滚滚长江东逝水》成为电视剧《三国演义》主题曲。

② 生平著作编为《升庵集》。

③ 中央文献出版社发行《杨升庵诗词》。

……

（2）课后，让我们继续在杨慎笔下"寻春"吧！

基于群文阅读教学的小学古诗词教学设计

聊聊李白

北京第二外国语学院成都附属小学　魏　强

适合年级：五年级

学习文本：

1. 对酒忆贺监二首·其一
〔唐〕李白

四明有狂客，风流贺季真①。
长安一相见，呼我谪仙人②。
昔好杯中物，翻为松下尘。
金龟换酒处，却忆泪沾巾。

注释：
①贺季真：贺知章，季真是贺知章的字。②谪仙人：被贬谪到人间的仙人。

2. 寄李十二白①二十韵（节选）
〔唐〕杜甫

昔年有狂客②，号尔③谪仙人。
笔落惊风雨，诗成泣鬼神。
名声从此大，汩没④一朝伸。
文彩⑤承殊渥⑥，流传必绝伦。

注释：
①李十二白：李白。②狂客：贺知章，自号"四明狂客"。③号尔：称你。④汩没：埋没，淹没。⑤文彩：指诗篇。⑥承殊渥：受到唐玄宗特殊的

恩宠。

3. 饮中八仙歌（节选）
〔唐〕杜甫

李白一斗①诗百篇，长安②市上酒家眠。

天子呼来不上船，自称臣是酒中仙。

注释：

①斗：古代的计量单位。②长安：唐代都城，今西安。

4. 月下独酌①四首·其一（节选）
〔唐〕李白

花间一壶酒，独酌无相亲②。

举杯邀明月，对影成三人。

注释：

①独酌：一个人饮酒。酌，饮酒。②无相亲：没有亲近的人。

5. 将进酒①
〔唐〕李白

君不见②，黄河之水天上来③，奔流到海不复回。

君不见，高堂明镜悲白发，朝如青丝暮成雪。

人生得意须尽欢，莫使金樽空对月。

天生我材必有用，千金散尽还复来。

烹羊宰牛且为乐，会须④一饮三百杯。

岑夫子，丹丘生，将进酒，杯莫停。

与君⑤歌一曲，请君为我侧耳听。

钟鼓⑥馔玉⑦不足贵，但愿长醉不复醒。

古来圣贤皆寂寞，惟有饮者留其名。

陈王昔时宴平乐，斗酒十千恣⑧欢谑⑨。

主人何为言少钱⑩，径须⑪沽⑫取对君酌。

五花马⑬，千金裘⑭，呼儿将出换美酒，与尔同销万古愁。

注释：

①将进酒：劝酒歌。将（qiāng），请。②君不见：乐府中常用的一种夸语。③天上来：黄河发源于青海，因那里地势极高，水像从天上流下来的一样。④会须：正应当。⑤与君：给你们，为你们。⑥钟鼓：富贵人家宴会中奏乐使用的乐器。⑦馔（zhuàn）玉：形容食物如玉一样精美。⑧恣（zì）：纵情，任意。⑨谑（xuè）：戏。⑩言少钱：一作"言钱少"。⑪径须：干脆，只管。⑫沽：买。⑬五花马：指名贵的马。⑭裘（qiú）：皮衣。

【议题解析】

李白是唐代诗歌乃至中国古诗的代表人物之一，被称为"诗仙"。但他绝不仅仅是一个符号，"他是怎样一个人"是我们这节课要聊的话题。我们通过两组选文（五首古诗），聊聊他和朋友，聊聊他和酒，从不同的角度读他，走近他，深入他的内心世界，从而帮助学生构建起自己心目中的一个立体的、丰富的李白形象。

读五首他自己的和朋友写他的诗，去感受、体会、分析、对比、综合，将李白还原为一个有血有肉的人——李白与贺知章的忘年之交，杜甫对李白文采的赞颂，李白月下独酌和与朋友共饮的对比，使李白的形象更贴近现实，也更真实可爱。这些诗歌表现出的李白形象，无一不是李白的一面，而共读共议是将李白多面的特点呈现出来，师生一起进行多角度、多层次的解析，最终形成我们眼中的李白、心中的李白。

【教学目标】

（1）通过自主阅读第一组古诗，了解李白"诗仙"名号的由来。

（2）小组合作，共读共议第二组古诗，通过有感情地朗读，结合注释和译文等方式，感受李白的特点。

（3）为李白"画像"，形成对诗人的多维评价。

【教学重难点】

（1）通过自主阅读、小组合作共读共议等方式多角度了解李白。

（2）形成多维评价。

【教学过程】

（一）话题引入

（1）用获取的信息进行推理、得出结论是阅读学习的好方法。当代著名作

家、诗人余光中先生曾为一位大诗人写过一首诗,其中几句写道:

酒入豪肠,七分酿成了月光

余下的三分啸成剑气

绣口一吐,就半个盛唐

请从诗句中提取关于这个人的信息,综合这些信息,猜猜他是谁,说明理由。

(2)揭示议题,聊聊李白,看看会有什么不一样的发现。

(二)名号由来

(1)快速读第一组两首古诗《对酒忆贺监二首·其一》《寄李十二白二十韵》(节选),思考问题:

① 李白"诗仙"的名号是怎么来的?

② 为什么杜甫这样称赞李白?

(2)班级交流、板书。

① 谪仙人。

② 文采绝伦,才华横溢。

引读杜诗:笔落惊风雨,诗成泣鬼神。

(3)李白一生创作了很多诗,现流传下来的有九百多首。同时代的"诗圣"杜甫是这样称颂他的,引读《寄李十二白二十韵》(节选)。

(三)走近李白

1. 读余光中的诗,你们还发现了李白的什么特点?

——好酒(板书)

因为好酒,他和当时另外几个人并称"饮中八仙",又叫"醉八仙"。无论是在他自己的作品中还是朋友写他的诗篇中我们都不难看出这一点。接下来,我们就通过酒走近李白,了解李白,读懂李白,聊聊李白。

2. 共读

(1)默读第二组古诗《月下独酌四首·其一》(节选)、《饮中八仙歌》《将进酒》,借助注释读懂诗意。

(2)结合诗句,思考这是一个(　　)的李白,批注想法。

(3)小组共议,交流诗歌中获取的信息以及推想的过程和结论。

3. 共议、交流

（1）"李白一斗诗百篇"——酒激发了李白的创作灵感和激情。

"长安市上酒家眠"——好酒，自由奔放，不拘小节——酒鬼

"天子呼来不上船，自称臣是酒中仙。"——醉汉形象——狂放

问：李白为什么这么狂？

（2）"独酌无相亲"——一个人喝酒，孤独。

"举杯邀明月，对影成三人。"——把明月和自己的影子当成朋友，孤寂忧愁。（板书）

问：读这首诗时，你仿佛看到了什么？

一个人、一壶酒、一轮明月、一个孤影。李白月下独酌，面对明月与影子，似乎在幻觉中形成了三人共饮的画面。

问：一个人喝酒通常叫"喝闷酒"，李白和普通人一样，在孤独苦闷的时候借酒消愁，与明月共饮，与影子共饮。

师生品读《月下独酌四首·其一》（节选）。

李白广交朋友，和朋友在一起喝酒又是怎样一番情景呢？你从《将进酒》里认识了一个怎样的李白？

学生朗诵诗句、汇报：

烹羊宰牛且为乐，会须一饮三百杯。

岑夫子，丹丘生，将进酒，杯莫停。

钟鼓馔玉不足贵，但愿长醉不复醒。

五花马，千金裘，呼儿将出换美酒，与尔同销万古愁。

真是喝得酣畅淋漓！李白天性豪爽，放荡不羁，这一点不仅体现在他的诗歌中，也体现在他喝酒上——好酒、潇洒、豪放（板书）

（四）对比、整合

（1）第二组三首古诗有什么共同点？又有什么不同之处？

同：都和酒有关。《月下独酌四首·其一》（节选）和《将进酒》都是李白写的。

异：《饮中八仙歌》（节选）是杜甫写李白，表现他的好酒、文采绝伦及狂放不羁。《月下独酌四首·其一》（节选）表现了李白的孤独。《将进酒》表现了李白的豪放洒脱，不拘一格……

（2）对比两组古诗，第一组李白是高高在上的"诗仙"，第二组李白是（　　　）的人。

（五）多维评价

（1）你对李白有了哪些新的认识？你最喜欢怎样的李白？为什么？

（2）再读余光中的《寻李白》。

（3）同学们从不同的角度概括自己对李白的认识。其实要了解李白，这还远远不够，我们还需要阅读他更多的作品，阅读更多关于他的文章，去深入了解他的生平经历、所处的时代，去理解他的思想、写作风格。

推荐继续阅读余光中的《寻李白》，以及两本书——《李白诗选》和《李白诗传》。

亘古男儿一放翁

——陆游的家国情怀

四川省自贡市汇东实验学校　肖丽娟

适合年级：六年级

学习文本：

1. 卜算子①·咏梅
〔宋〕陆游

驿外②断桥边，寂寞开无主③。已是黄昏独自愁，更著④风和雨。
无意苦争春⑤，一任群芳⑥妒。零落成泥碾作尘，只有香如故。

注释：

①卜算子：词牌名。②驿（yì）外：指荒僻、冷清之地。驿，驿站，供驿马或官吏中途休息的专用建筑。③无主：自生自灭，无人照管和玩赏。④著（zhuó）：同"着"，遭受，承受。⑤争春：与百花争奇斗艳，此指争权。⑥群芳：群花、百花，这里借指诗人政敌——苟且偷安的主和派。

2. 秋夜将晓出篱门迎凉有感二首·其二
〔宋〕陆游

三万里河①东入海，五千仞岳②上摩天③。
遗民④泪尽胡尘⑤里，南望王师⑥又一年。

注释：

①三万里河：指黄河。"三万里"形容很长。②五千仞岳：指华山。

"仞"，古代的一种长度单位。"五千仞"形容很高。③摩天：碰到天，形容极高。④遗民：指在金占领区生活的原宋朝百姓。⑤胡尘：指胡人骑兵的铁蹄践踏扬起的尘土，这里指金朝的暴政。⑥王师：指南宋朝廷的军队。

3.十一月四日风雨大作二首·其二
〔宋〕陆游

僵卧①孤村不自哀，尚思为国戍轮台②。
夜阑③卧听风吹雨，铁马④冰河⑤入梦来。

注释：

①僵卧：躺卧不起，形容老病。②戍（shù）轮台：戍守边疆。戍，守卫。轮台，在今新疆，是古代边防重地。③夜阑（lán）：夜深。④铁马：披着铁甲的战马。⑤冰河：冰封的河流，指北方地区的河流。

4.示儿
〔宋〕陆游

死去元知①万事空，但悲不见九州②同③。
王师北定中原日，家祭无忘告乃翁④。

注释：

①元知：原本知道。"元"通"原"，本来。②九州：代指宋代的中国。③同：统一。④乃翁：你的父亲，指陆游自己。

【议题解析】

家国情怀在我国古代诗歌中源远流长，每当国难当头、民族危殆之际，家国情怀总会在诗坛上大放异彩。众多爱国诗人中，陆游的爱国诗歌数量之多，无以计数，可以说"家国情怀"贯穿了陆游60余年的创作历程，几乎融入他的生命。本组诗词以陆游的生平为线，以"家国情怀"为主题，以四首诗词为重点，辅以各年龄时期的代表诗句，初步构建了"1+2+X"的设计案例。

"1"以《卜算子·咏梅》为序展开议题，词中的梅花正是陆游高洁品格的化身，诗人以物喻人，巧借饱受摧残、清香犹在的梅花，比喻自己虽终生坎坷，却将与恶势力抗争到底的精神。"2"是对陆游同一时期的两首作品进行自主探究与交流分享。《秋夜将晓出篱门迎凉有感二首·其二》是陆游退隐山阴老家时所作，诗人写北地遗民的苦望，实际上是在表露自己内心的失望，目的是想引起南宋统治者的警觉，激起他们收复失地之志。《十一月四日风雨大作二首·其二》情感激昂，陆游在梦中实现了自己金戈铁马、驰骋中原的愿望，表达了壮志难酬，希望用实际行动来报效国家的愿望。两首诗的字里行间饱含陆游退隐之后的忧国忧民之情，尤其是"遗民泪"和"雨夜梦"这两个意象更能增强学生对陆游诗词"家国情怀"这一精神内涵的认识与体会。"X"以诵读陆游自年少到去世不同时期的名句为线，将其金戈铁马、壮志难酬的一生呈现在学生面前，唤起学生的情感共鸣。其中《示儿》为陆游的绝笔，既是诗人的遗嘱，也是诗人发出的最后的抗战号召，浓浓的爱国之情跃然纸上。以此议题组文，抛砖引玉，希望能引导学生积累陆游的爱国主义诗歌，感受陆游的爱国情、报国志，培养学生的家国意识、爱国情感。

【教学目标】

（1）诵读一组古诗，借助注释及背景材料，理解古诗的意思。

（2）在理解诗意的基础上，诵读、品味重点词句，体会诗歌表达的诗人矢志不渝的爱国之情与报国之志。

（3）了解陆游爱国诗的表达方式，感受爱国主义情怀，发扬爱国主义精神。

【教学重点】

诵读、品味重点词句，体会诗歌表达的诗人的爱国情与报国志。

【教学难点】

了解陆游爱国诗的表达方式。

【教学时间】

50分钟。

【教学过程】

（一）知人论世，揭示家国情怀

（1）谈话引入：黑板上这句话是我国近代著名思想家梁启超先生赞美一位诗人时说的，大家知道他是谁吗？（板书：陆游）梁启超这句话的意思是什么？（陆游是从古至今的诗人中一个真正的男子汉。）

（2）初识陆游：出示陆游简介，指名读。

（3）揭示议题：从简介中，我们知道了陆游诗歌的灵魂。（家国情怀）今天就让我们一起走近陆游，一起去感受洋溢在他字里行间的那份浓浓的家国情

怀。（板书：家国情怀）

（二）以《卜算子·咏梅》为序，感知家国情怀

1. 读诗句、明诗意

（1）指名读《卜算子·咏梅》，注意节奏、停顿等。

（2）结合注释和译文，用自己的话说说诗句的意思，并和同桌交流。

2. 找意象、悟情感

（1）词中的什么给你留下了最深刻的印象？（板书：驿外梅或断桥梅）

（2）这是一株什么样的梅花？诗中最感动你的是哪一句？勾画出来。（引导结合"驿外、断桥、黄昏、风雨、群芳"等谈个人理解，感受梅花的孤芳高洁、坚贞不屈。）

3. 赏手法、诵诗情

（1）面对争奇斗艳的百花，陆游却偏偏欣赏梅花，这其中必有道理，请迅速默读学习单"创作背景"。

（2）你认为陆游仅仅是在赞美梅花吗？（"梅"实际是他人格的化身，写出了他即便粉身碎骨也不与世俗同流合污的傲岸品格、爱国理想）

（3）创作这首词时，陆游正处于人生的低谷，他的满腔爱国热情无以言表，便借用梅花来表现自己的坚贞不屈。（板书：托物言志）

（4）齐读全词，读出陆游的坚贞气节。

（5）难怪梁启超要这样盛赞他——齐读：亘古男儿一放翁。

（三）对比阅读，聚焦家国情怀

过渡：陆游满腔的爱国情、报国志还会以什么样的方式在他的诗歌中表现呢？

（1）自主学习：出示自学提示，自由学习，填写学习单。

① 自读古诗，借助注释理解诗意。

② 用"——"画出最能表达诗人家国情怀的诗句，体会诗人的情感。

③ 填写学习单。

（2）小组交流：根据同学发言，修正自己的学习单。

（3）全班分享。

赏析《秋夜将晓出篱门迎凉有感二首·其二》：

① 读诗句，明诗意。

② 找意象：诗中哪些地方能表现陆游深深的家国情怀？给你最深刻印象的意象是什么？（板书：遗民泪）

③ 悟情感：听音效展开想象，在金兵战马的践踏声中，你仿佛看到了一幕幕怎样的场景？遗民最大的愿望是什么？陆游的愿望呢？

④ 赏手法：借景抒情。

⑤ 诵诗情：创设情境，反复引读"遗民泪尽胡尘里，南望王师又一年"，感受遗民的凄惨生活和陆游忧国忧民的情感。

梁启超怎能不这样盛赞他呢——齐读：亘古男儿一放翁。

赏析《十一月四日风雨大作二首·其二》：

① 读诗句，明诗意。

② 找意象：这首诗虽然短小，但是诗中透出的爱国情怀却深深震撼了每个中国人。你是从诗中哪些地方感受到的？给深刻印象的意象是什么？（板书：雨夜梦）

③ 悟情感：这是怎样的一个梦啊？（生交流梦境）他的志向实现了吗？（壮志难酬、报国无门）

④ 赏手法：这梦是诗人现实中的理想的体现，也就是借梦境表现自己的报国理想。（板书：以梦述怀）

⑤ 诵诗情：齐读全诗，感受陆游报国无门、壮志未酬的心情。

他的确是——齐读：亘古男儿一放翁。

（四）复习《示儿》，深化家国情怀

1. 引读诗句

其实这个梦，陆游一做就做了一辈子。3岁时，金兵的铁骑就踏破了中原，他目睹了祖国的大好河山被金兵侵占，百姓流离失所，苦不堪言。

20岁：他立下誓言——"上马击狂胡，下马草军书。"

40岁：满身抱负无处施展，他说——"逆胡未灭心未平，孤剑床头铿有声。"

60岁：受到排斥罢官回乡，他却还想着——"楼船夜雪瓜洲渡，铁马秋风大散关。"

70岁：报国理想矢志不渝——"此生谁料，心在天山，身老沧洲。"

临死前：他写下了最后的嘱托——"死去元知万事空，但悲不见九州同。

王师北定中原日，家祭无忘告乃翁。"

2. 读懂诗情

（1）这是陆游85岁高龄时的绝笔。（板书：绝笔诗）

（2）"旧书不厌百回读"，今日再读，你一定又多了一分新的感悟。生谈个人感受与理解，体会陆游"国"重于"家"的情怀，感受他盼望国家统一的至死不渝的情感。

3. 小结归纳

历朝历代凡是读过《示儿》的文人，都无不感慨这份字里行间的至死不渝的家国情怀。这份家国之爱在陆游80多年的生命长河里，已然超越了他的个人生死，爱到此种境界，唯有直抒胸臆最感人！（板书：直抒胸臆）

（五）统整诗歌，诵读家国情怀

1. 配乐诵读

出示四首选文诗句，师引读。

2. 总结延伸

（1）一个始终把国家装在心里的人，一个把国家的命运看得比个人的生死还要重的人，一个九泉之下仍然不忘北定中原、统一祖国的人，他就是——（读课题）"亘古男儿一放翁"。除梁启超之外，朱自清也曾感慨："过去的诗人里，也许只有他才配称为爱国诗人。"

（2）陆游近一半作品关乎家国，但也有另一部分作品，意境清新，充满闲情逸趣。如果你阅读陆游更多的诗歌，也许品出的又是另一番情怀。

意 象
——山水之间话渔父

成都市龙江路小学　吴让洁

适合年级：六年级

学习文本：

1. 渔歌子①
〔唐〕张志和

西塞山②前白鹭③飞，桃花流水④鳜鱼⑤肥。
青箬笠⑥，绿蓑衣⑦，斜风细雨不须⑧归。

注释：

①渔歌子：原是曲调名，后来人们根据它填词，又成为词牌名。②西塞山：在浙江省湖州市西面。③白鹭：一种白色的水鸟。④桃花流水：桃花盛开的季节正是春水盛涨的时候，俗称桃花汛或桃花水。⑤鳜（guì）鱼：俗称"花鱼""桂鱼"，扁平、口大、鳞细、黄绿色，味道鲜美。⑥箬（ruò）笠：用竹叶或竹篾做的斗笠。⑦蓑（suō）衣：用草或棕麻编制成的雨衣。⑧不须：用不着。

2. 江雪
〔唐〕柳宗元

千山鸟飞绝①，万径②人踪③灭。
孤④舟蓑笠⑤翁，独⑥钓寒江雪。

注释：

①绝：尽，无，没有。②万径：虚指，指千万条路。径，小路。③人踪：人的脚印。④孤：孤零零。⑤蓑笠（suō lì）：蓑衣和斗笠。笠，用竹篾编成的帽子。⑥独：独自。

3. 临江仙①·滚滚长江东逝水

〔明〕杨慎

滚滚长江东逝水②，浪花淘尽③英雄。是非成败④转头空。青山⑤依旧在，几度⑥夕阳红。

白发渔樵⑦江渚⑧上，惯看秋月春风⑨。一壶浊酒⑩喜相逢。古今多少事，都付笑谈中⑪。

注释：

①临江仙：原唐教坊曲名，后用作词牌名，有五十二字、五十四字等六种。常见者全词分两阕，上下阕各五句，三平韵。②东逝水：江水向东流逝水而去，这里将时光比喻为江水。③淘尽：荡涤一空。④成败：成功与失败。⑤青山：青葱的山岭。⑥几度：虚指，几次、好几次之意。⑦渔樵：此处并非指渔翁、樵夫，联系前后文的语境应为动词——隐居，此处作名词，指隐居不问世事的人。⑧渚（zhǔ）：原意为水中的小块陆地，此处意为江岸边。⑨秋月春风：指良辰美景，也指美好的岁月。⑩浊（zhuó）酒：用糯米、黄米等酿制的酒，较混浊。浊，不清澈、不干净，与"清"相对。⑪都付笑谈中：在一些古典文学及音乐作品中，也有作"尽付笑谈中"。

【议题解析】

以渔父为文学题材由来已久。传说中有太公姜尚，80岁还在磻溪钓鱼，后被周文王请去做军师，打倒了商朝纣王的腐败政权，成为周朝的开国功臣。从此，"磻溪渔父"的典故就代表了文武全才的隐士。庄周写了一篇散文《渔父》，借一个渔人和孔子的对话批判了儒家讲礼乐的虚伪性。屈原跟着也写了一篇小品文《渔父》，通过他自己和一个渔人的对话表现了自己的洁身自好，不受污辱的品德，而渔父却嘲笑他自鸣孤高，不能与世浮沉。于是，在文学上，"渔父"又代表了一种浪迹烟波，自食其力，不问世事的人格。陶渊明写了一篇诗序——《桃花源记》，叙述一个以捕鱼为业的武陵人发现了一处与乱世隔绝的太平社会。于是文学上的渔父，又添了一个新的意义，他成为发现理想社会的探险者。中唐诗人张志和，也写过五首《渔父词》，创造了新的形式，后来成为词的始祖。

"西塞山前白鹭飞，桃花流水鳜鱼肥。青箬笠，绿蓑衣，斜风细雨不须归"中透露出的是一股安和超然的气息。看似轻描淡写地描绘了一幅绝尘脱世的场景，实则"渔父"既是作者笔下所刻画的一个景物，又是那个"每垂钓，不设饵，志不在鱼也"的张志和本人的意念化身。

"千山鸟飞绝，万径人踪灭。孤舟蓑笠翁，独钓寒江雪。"文字简短，用意却极为深远。诗中的渔父身披蓑、头戴笠垂钓，在白雪世界游离于可见与不可见之间时，人与大自然之间超越语言的心灵相知，柳宗元不避严寒、坚定执着的精神特质和与世俗相忤的清高气质，都在含而不露中映射出来。

渔父的形象意蕴丰富，不仅中国古典诗词作品中有，绘画作品中也大量出现，除了有屈原作品中的避世隐士这一内涵外，又有着以隐求仕、功成身退、潇洒超脱等其他意蕴。共读一组描写渔父的诗词，感受渔父形象的多元立体，丰富渔父的精神涵养，发现描写渔父的诗词的共性，以激发学生深入阅读"渔父"诗歌的兴致，从而使学生对"借物言志"的写作方法有更开阔的认知。

【教学目标】

（1）诵读古诗，在理解诗意的基础上，借助诗中意象在比较中认识不同的渔父形象。

（2）引导学生阅读背景资料，了解诗人经历，感受诗人面对"仕"与"隐"时极为复杂的入世之情和出世之意。

（3）感悟诗人寄情于山水的多样情韵。

【教学重难点】

感受诗人面对"仕"与"隐"时极为复杂的入世之情和出世之意。

感悟诗人寄情于山水的多样情韵。

【教学时间】

40分钟。

【教学过程】

（一）初读揭题

（1）这节课，我们一起来读两首熟悉的诗歌——女生读《渔歌子》，男生读《江雪》。

（2）两首诗里都出现了一个人，他是谁？（学生回答，教师板书：渔父）两首诗里的渔父有什么相同？又有什么不同呢？这节课，我们一起去发现。

设计意图：通过初读，自主发现诗文描写的主人公相同，以激发学生求知欲望，探寻"渔父"这一形象的奥秘。

（二）借诗解形——感诗意

1. 出示自读提示

（1）自由读诗，借助注释理解诗意。

（2）边读边思：诗中的渔父有什么相同和不同？你看到了怎样的画面？

2. 分享交流

（1）相同。

①穿着打扮：青箬笠，绿蓑衣；孤舟蓑笠翁。

②垂钓：斜风细雨不须归；独钓寒江雪。

（2）不同。

①垂钓的地点。

他们垂钓的地点留给你什么印象？（清新、明快、多彩，冷清、死气沉沉、空旷）

如果让你来为两首诗配色，你会为《渔歌子》配怎样的色彩？《江雪》呢？

②垂钓的结果。

《渔歌子》里的渔父可能钓得到鱼，"桃花流水鳜鱼肥"这一句写出了水中的鱼多。

《江雪》中的渔父可能钓不到鱼，"千山鸟飞绝，万径人踪灭"，整个世界一片死气沉沉，没有任何生气，怎么可能还有鱼。"独钓寒江雪"也直接写出他钓的是江雪，而不是鱼。

③垂钓的心情。

垂钓的环境往往能反映渔父当时的心情。

（若学生说到，顺势引导；若学生说不到，直接进入下一环节。）

设计意图：自读感受两首诗，引导学生在比对"渔父的同与不同"中进一步感受诗意及诗文描画出的图画，借助涂抹色彩这一简单直接的方式，帮助学生奠定情感基调。

（三）深读细品——悟诗情

（1）结合资料阅读，想想两位渔父各怀着怎样的心情在垂钓。同桌互动，体会渔夫钓鱼的心情。

（2）两位渔父各自留给你什么印象？用一个词来形容。（悠闲自得、孤独执着）这样的形象和你心中的图画相符吗？

设计意图：引入背景资料阅读，初步渗透"渔父"即诗人，诗文中渔父的所思所想即现实中诗人的所思所想。

（四）比中寻因——品诗人

（1）小组交流：同是渔父，为什么形象差异如此之大？借助两位诗人的生平经历及创作背景，找找原因。

（2）诗中的人往往就是诗人自身形象的幻化，作者笔下的渔父就是作者内心情感的投射。

通过比较，我们发现同样是在景物描写中塑造渔父形象，由于作者的心境不同，创作背景不同，不但作品中描绘的景物迥异，渔父的形象更是相去甚远。

词中的渔父就是词人自己，词人写渔翁"不须归"，其实就是写他自己不用归去，那他原本从哪里来？不想回到哪里去？为什么他觉得"不须归"了？（板书：逃避退隐）

张志和追求一种超凡脱俗的生活，便把自己融入大自然之中，成为山水的一部分，哪怕斜风细雨也不急于归去，享受大自然馈赠的这一份悠闲自得。张志和笔下的渔父是悠闲自在的化身。（板书：乐山爱水、超然潇洒）

柳宗元呢？明明钓不到鱼，还要坚持，哪怕万水千山都已没有生机，哪怕天地之间只有自己，也还是不愿离开，究竟是为什么？（板书：释放压抑）

柳宗元借垂钓之事来抒发内心的愤懑，表达自己追求高洁品格、不愿与奸佞小人同流合污之意，是个人对孤高品格的追求。他笔下的渔父是真隐士的化身。（板书：坚定执着、清高脱俗）

（3）透过两位渔父，我们仿佛看到了张志和和柳宗元其人。

设计意图：进一步细品诗人生平经历及创作背景，并抓住诗歌中的关键词，通过对比帮助学生了解诗中的人物形象往往就是诗人自身的写照，诗人描写"渔父"形象就是要传达自我的内心世界，感受其面对"隐"的不同情意。

（五）拓展丰富——立认识

其实，在中国历史上，还有一位著名的渔父……（讲姜太公的故事并相机板书：坐等入仕）自他开创"一竿竹纶钓功名"的传奇之后，把为官入仕作为毕生宿命的古代知识分子们便纷纷效仿，视之为入仕的捷径。姜太公也便成了施展才华、钓取青名的典型。（板书：施展才华、钓取青名）大概从那时起，人们就自然地把渔父垂钓和功名利禄相关联了。

设计意图：引入故事，拓展认知，补充丰富第三种"渔父"形象，让"渔父"形象的内涵更多元、更立体。

（六）关联延展——传文化

（1）引读经典，加深感受。

出示经典：

闲来垂钓碧溪上，忽复乘舟梦日边。

青箬笠，绿蓑衣，斜风细雨不须归。

孤舟蓑笠翁，独钓寒江雪。

（2）内心对人、事、物的看法不同，处世态度和方式自然不同，流于笔端的情更是各不相同，可是，诗人为什么都不约而同地选择"渔父"这一形象呢？（板书：意象）

（3）在中国，不仅诗歌里有渔父的形象，山水画作里也常常会有渔父的身影。（出示著名渔父图）

（4）大家耳熟能详的歌曲里也有渔父冷眼看世界的态度，如大家熟悉的电视剧《三国演义》，主题曲就用了明朝杨慎的一首词《临江仙·滚滚长江东逝水》。（出示诗句，引读）

课后，希望大家多留心，去发现更多借"渔父"形象来表达内心世界的形式，聆听中国文化的心跳。

设计意图：引导学生在朗读中悟诗情、品诗人，并关联延展多样的"渔父"表达形式，指引学生感受"渔父"这一意象和中国文化的魅力。

宋诗中的理趣

四川省德阳市中江县小南街小学　邹秀华　郭福海

适合年级：六年级

学习文本：

1. 观书有感·其一
〔宋〕朱熹

半亩方塘一鉴①开，天光云影共徘徊。
问渠那得②清如许③？为有源头活水来。

注释：
①鉴：镜子。②那得：怎么会。③如许：这样。

2. 画眉鸟
〔宋〕欧阳修

百啭①千声随意移，山花红紫树高低。
始知锁向金笼②听，不及③林间自在啼。

注释：
①啭：鸟婉转地啼叫。②金笼：黄金做的鸟笼，喻指不愁吃喝、生活条件优越的居所。③不及：比不上。

3. 题①西林②壁
〔宋〕苏轼

横看成岭侧成峰，远近高低各不同。

不识庐山真面目，只缘③身在此山中。

注释：

①题：书写、题写。②西林：西林寺，在江西庐山。③缘：因为，由于。

4. 游山西村①（节选）

〔宋〕陆游

莫笑农家腊酒②浑，丰年留客足鸡豚③。
山重水复疑无路，柳暗花明又一村。

注释：

①山西村：村庄名，在今浙江绍兴。②腊酒：这里指腊月酿的酒。③豚：猪。

【议题解析】

本设计的议题是"宋诗中的理趣"。我国古代诗歌内容丰富、风格多样。钱锺书先生说："唐诗多以丰神情韵擅长，宋诗多以筋骨思理见胜。"宋诗中许多哲理性的小诗都富有理趣，读者每每吟诵，都能产生种种联想，于美的享受中得到教益或启示。希望学生在读这些诗篇时，能感受到诗中的理趣盎然，并喜欢上这些诗。围绕议题所选的四首诗都出自宋代，诗中都蕴含哲理，都有富含理趣的句子，耐人寻味、妙趣横生。学生在理解诗意的基础上，通过比对梳理、求同存异，就会发现：前三首诗中富含理趣的诗句都表达了诗人看到眼前事物时的感受，包含理趣的诗句与诗中所描写的景物、形象紧密相关；而《游山西村》（节选）包含理趣的诗句既写景又蕴含哲理。学生通过读、议明白这些诗不是直接告诉我们道理，而是运用一种说理方式巧妙地将道理藏在诗句里。不同的诗，表现形式不同，说理方式也不同。

《观书有感·其一》中，朱熹借用比喻的手法来讲读书，将内心的感觉化作可以欣赏的美景，让读者自己去领略其中的奥秘，这便是诗中美妙的理趣。《画眉鸟》中，诗人采用对比的手法，通过描写画眉鸟闭锁笼中和在林间自由飞翔时鸣声的差异，表达它对自由生活的向往。《题西林壁》中，诗人在前两句概括地写出庐山的特征。为何"不识庐山真面目"？思索后他找到了原因——"只缘身在此山中"。这是观察中自然生发出来的感悟。"山重水复疑无路，柳暗花明又一村。"这联诗是写诗人游山西村时路上所见的景物，而诗句本身又蕴含丰富的哲理，引人深思。

【教学目标】

（1）诵读一组古诗，在理解诗意的基础上，通过比对梳理发现不同的诗说理方式不同。

（2）在探寻说理方式的过程中通过读、议、分享，感受宋代哲理诗中的理趣。

（3）关联生活，在运用中感知理趣诗带给人的思考、启迪，进一步感受诗中的妙趣。

【教学重点】

在"比、对、读、议"中探寻理趣诗不同的说理方式，初步感受诗中的理趣。

【教学难点】

（1）在"比、对、读、议"中探寻理趣诗不同的说理方式，初步感受诗中的理趣。

（2）统整关联，发现前三首诗含有理趣的诗句与描写的事物之间的联系。

【教学准备】

学习表格，每小组一份。

【教学时间】

40分钟。

【教学过程】

（一）回顾名句，揭示内容

（1）中国是诗歌的国度，诗人词家，灿若群星；名篇佳作，传之久远。下面这些古诗名句，你们听过吗？

教师出示几联诗的上句，学生补充下句。

（2）引导发现，揭示课题。

读完这几联诗，你有什么发现？

小结：有些诗因蕴含着深刻的哲理而流传千古。今天，我们就一起学习这样一组富含哲理的宋诗，一起去探寻诗中的奥秘。（板书课题：宋诗中的理趣）

（二）范例引路，初识理趣

1. 读通读顺，理解诗意

出示《观书有感·其一》，抽生朗读。

根据学生朗读情况做必要正音。

学生结合注释，试着用自己的话说说诗句的意思。

2. 辩论明理，初识理趣

（1）思：方塘的水为何如此清澈？

（2）辩：这首诗写的是池塘里的水，可是题目却是"观书有感"，这是为什么？

（3）从中悟理。

"问渠那得清如许？为有源头活水来。"这是诗人在告诉我们方塘水清的原因，我们也从中悟出了读书的道理。

（4）探方法，识理趣。

诗中的比喻给你什么感受？

小结：朱熹把读书的道理巧妙地藏在这首写景诗里，借用比喻来讲读书的道理（板书：借用比喻）。读书就像是欣赏美景，其中的奥秘读者只能自己去领略，这便是诗中美妙的理趣。

（5）利用表格，梳理学法。（表1）

表1

篇目	景物或形象	富含理趣的诗句	说理方法
《观书有感·其一》	方塘 清	问渠那得清如许 为有源头活水来	借用比喻

（三）求同比异，感受理趣

1. 小组合作

利用刚才学到的方法，小组内研读、讨论，学习另外两首诗。

学习提示：①自读古诗，疏通诗意。②品读富含理趣的诗句，结合说理方法，探寻藏在诗中的理趣。③填写表格。

2. 分享交流

（1）全班交流《画眉鸟》。

你读出了几只画眉鸟？

女生读前两句诗，感受自由自在的快乐、美好。

男生读后两句诗，感受失去自由的不平之情。

诗中哪些诗句藏着道理？诗人用什么方式讲道理？

交流预设：

诗人采用对比的手法，通过描写画眉鸟闭锁笼中和在林间自由飞翔时鸣声的差异，表达它对自由生活的向往。（板书：运用对比）

自由是生活愉快的条件，鸟是这样，人又何尝不是呢？补充写作背景，走进诗人内心。

（2）全班交流《题西林壁》。

庐山的特点：观看角度不同，形态也不相同。

富含理趣的诗句是诗人在对庐山真面目的观察、思索中自然生发出来的感悟。这一说理方式睿智透彻。（板书：观察感悟）

3. 统整关联

将前三首诗放在一起，借助表格，求同比异。（表2）

表2

篇目	景物或形象	富含理趣的诗句	说理方法
《观书有感·其一》	方塘 清	问渠那得清如许 为有源头活水来	借用比喻
《画眉鸟》	画眉鸟 自由、快乐	始知锁向金笼听 不及林间自在啼	运用对比
《题西林壁》	庐山 各不相同	不识庐山真面目 只缘身在此山中	观察感悟

4. 全班交流《游山西村》（节选）

（1）找出富含理趣的诗句。

（2）"山重水复疑无路，柳暗花明又一村。"描绘了山间水畔的美景，这只是在写景吗？

（3）关联生活：读到这联诗，你想到了生活中的哪些事？

小结：写景中寓含丰富的哲理。（板书：寓理于景）

（4）比异。

将四首诗中包含理趣的诗句放在一起进行比较，发现不同。

不同点：前三首诗，诗人都是先描写眼前的事物，包含理趣的诗句都是诗人对眼前事物的感受。《游山西村》包含理趣的诗句既写景也蕴含哲理。不同的诗，表现形式不同，说理的方式也不同。

（四）关联生活，古为今用

（1）古诗中这些充满理趣的诗句，在人们的生活中广泛使用。每当我们遇到一些情况，嘴边总会自然吟诵出这些诗句。（教师举例）

（2）总结升华。这种包含理趣的诗篇，让我们于美的享受中得到启示。如果喜欢，课后同学们可以找一些这样有趣的哲理诗读一读，不要局限于宋诗。

古诗中的色彩

成都市棕北小学　郭依梅

适合年级：四年级

学习文本：

1. 绝句
〔唐〕杜甫

两个黄鹂鸣翠柳，一行白鹭上青天①。

窗含西岭千秋雪②，门泊东吴万里船③。

注释：

①青天：蔚蓝的天空。②千秋雪：指西岭雪山上千年不化的积雪。③万里船：不远万里开来的船只。

2. 将①进酒（节选）
〔唐〕李白

君不见，黄河之水天上来，奔流到海不复回。

君不见，高堂②明镜悲白发，朝③如青丝④暮成雪。

注释：

①将（qiāng）：愿，请。②高堂：房屋的正室厅堂。另译为父母。③朝：早晨。④青丝：黑发。

3. 宿新市徐公店
〔宋〕杨万里

篱落①疏疏②一径③深，树头花落未成阴④。

儿童急走追黄蝶，飞入菜花无处寻。

注释：
①篱落：篱笆。②疏疏：稀疏。③径：小路。④阴：树叶茂盛浓密而形成的树荫。

4. 敕勒歌
北朝民歌

敕勒①川②，阴山下。天似穹庐③，笼盖四野。
天苍苍④，野茫茫⑤。风吹草低见牛羊。

注释：
①敕勒（chì lè）：种族名。②川：平原。③穹庐（qióng lú）：用毡布搭成的帐篷，即蒙古包。④天苍苍：天蓝蓝的。苍，青。苍苍，青色。⑤茫茫：辽阔无边的样子。

【议题解析】

色彩总给人鲜亮醒目的感觉，所以诗人和画家都喜欢运用色彩表现生活，但手法却不尽相同，画家是在画纸上直接表现，给人直观的美感；诗歌是通过语言描写色彩，唤起读者的联想，展示出一幅幅生动的画面，激发人的情感，达到抒情、言志的目的。

"古诗中的色彩"这一议题，学习材料包含《绝句》《将进酒》（节选）《宿新市徐公店》《敕勒歌》。

《绝句》与《将进酒》（节选）两首诗中，均运用了色彩的对比，却凸显出诗人当时不同的心境。《绝句》创作于平定安史之乱后。杜甫再次回到成都草堂，面对一派生机勃勃，情不自禁写下此诗。诗中，黄与翠、白与青（青：蓝色）这两组色彩对比巧妙地突出了"黄鹂、翠柳、白鹭、青天"四个意象，给人以强烈的视觉冲击，描绘出充满生机的春景。明快、艳丽的色彩，传递出诗人回到草堂时轻松、愉悦的心情。《将进酒》（节选）大约作于天宝十一年（752年），距诗人被唐玄宗"赐金放还"已达八年之久。诗中，运用白与青（青：黑色）这组充满强烈对比的色彩，加上"明镜"这一意象，勾勒出暗淡的环境色彩，凸显诗人当时借酒消愁，感叹人生易老、怀才不遇的心境。

《宿新市徐公店》一诗中，运用渐变色，通过"黄蝶""菜花"两个意象，将大片明亮的、富有层次的黄色带到读者眼前，体现了春末夏初季节交替时万物勃发的生命力，传递出诗人此时闲适、愉悦的心情。

《敕勒歌》很特别，诗中没有直接的色彩描写，而是通过"天、野、牛羊"等意象带给读者更大的想象空间，使古诗呈现的画面更丰富，让读者对古诗的理解更个性化。

通过对本组四首古诗词的"比、对、读、议"，引导学生发现古人写诗时善于运用色彩这一视觉语言，表达内心的情感，如用明亮而轻快的色彩，抒发愉悦的情感；用凝重灰暗的色彩，抒发伤感悲悯的情怀，甚至不直接用表示色彩的词语，而是以各种景物巧妙组合，形成独特的色调之美。教师应引导学生在阅读诗词时，多一个解读角度，发现诗人运用色彩表达情感的范例和手法，感受中国传统文化的魅力。同时，进一步引导学生用色彩表达心境，明白心境也会影响自己看待事物的态度。

【教学目标】

（1）诵读一组古诗，在理解诗意的基础上感受古诗色彩运用的巧妙。

（2）引导学生在"比、对、读、议"中结构化地理解诗中色彩对情感表达的作用。

【教学重难点】

理解诗中色彩对情感表达的作用。

【教学准备】

印发学习材料预习。

【教学时间】

40分钟。

【教学过程】

（一）诵读诗句，感受色彩

（1）同学们，我们先一起诵读一组诗句，你能发现这一组诗句有什么相同之处吗？（出示含有色彩的一组诗句）读：

等闲识得东风面，万紫千红总是春。——宋·朱熹《春日》

桃花一簇开无主，可爱深红爱浅红？——唐·杜甫《江畔独步寻花·其五》

一道残阳铺水中，半江瑟瑟半江红。——唐·白居易《暮江吟》

日出江花红胜火，春来江水绿如蓝。——唐·白居易《忆江南》

（2）揭示议题，板书议题。

设计意图：初步感受古诗中的色彩，从一组诗句的诵读中引出课题。

（二）寻找色彩，习得方法

（1）出示《绝句》，生读。

（2）感受色彩对比带来的视觉冲击。

① 诗中的色彩在哪里？找找相关的句子，圈出表示颜色的词。（指名说，师板书：黄—翠、白—青）

② 翠柳是背景，衬得黄鹂格外醒目。第一句诗中的色彩是成对出现的，色彩的对比给你带来怎样的视觉感受呢？

③ 分析第二句诗中的"白"和"青"。

④ 小结：在这首诗中，诗人巧妙地运用了色彩的对比：黄与翠、白与青。这两组对比巧妙地突出了"黄鹂、翠柳、白鹭、青天"四组意象，给人以强烈的视觉冲击，相信在你的脑海中已经形成了深刻鲜明的印象。

⑤ 有感情地朗读。

（3）从色彩体会情感。

引导学生结合本诗的创作背景走进诗中的色彩，想象杜甫此时此刻的心情。生答，师填表。（表1）

表1

篇目	表示色彩的词	色彩的特点	表达的情感
《绝句》	黄—翠、白—青	明快、艳丽	轻松、愉悦

设计意图：共读杜甫的《绝句》，寻找含有颜色的词语，感受色彩对比带来的视觉冲击。首次统整，联系创作背景，从两组明快的色彩对比中，体会诗人的情感，发现色彩运用的规律之一，即明快、艳丽的色彩总能传递轻松、愉悦的情感。

（三）"比、对、读、议"，发现色彩与情感的关联

（1）明确要求，分组研读《将进酒》（节选）《宿新市徐公店》。

指名读自学提示：

① 自读古诗，借助注释、译文理解诗意。

② 填写学习单。

③想想色彩的特点和诗人情感有什么关联。（表2）

表2

篇目	表示色彩的词	色彩的特点	表达的情感
《将进酒》（节选）			
《宿新市徐公店》			

（2）学生自学。

（3）分享交流。

①小组分享，修改批注。

②全班交流《将进酒》（节选）。

小组代表根据学习单汇报，有感情地朗读。

③全班交流《宿新市徐公店》，生汇报、有感情地朗读。

师适时引导：根据生活经验，菜花的"黄"是什么黄？蝴蝶的"黄"又是什么黄？在美学中，这叫渐变色（出示色环图），看起来有什么感觉？（和谐、柔和）

（4）再次统整。

纵向对比表格内容，畅谈发现。

师：明快、艳丽的色彩总能传递出轻松、愉悦的心情。当心情糟糕时，往往周围的色彩也会变得暗淡。你是否也有过这样的生活体验？

（5）第三次统整，引导发现事物与色彩的关联。

《宿新市徐公店》这首诗的"菜花"一句中，虽然不含有颜色的词，但是根据我们的生活经验，眼前也会浮现出一片金黄。再读读上面的三首诗，有没有类似的情况？（小组找，出示并完善表表3）

表3

篇目	表示色彩的词	色彩的特点	表达的情感
《绝句》	黄—翠、白—青、雪	明快、艳丽	轻松、愉悦
《将进酒》（节选）	白—青、黄河、海、明镜	对比、暗淡	伤感
《宿新市徐公店》	黄—？菜花	不同层次的黄色、明快、柔和	愉悦

设计意图：分组共读两首诗，比较异同。《将进酒》（节选）中的色彩表达的是伤感；《宿新市徐公店》是渐变色。引导学生发现不同的色彩表达的情感不同。同时引出不含颜色的词所呈现的色彩，为后续的拓展阅读做铺垫。

（四）统整感受，感受色彩运用之巧妙

（1）共读《敕勒歌》。

你看到这首诗描绘的色彩了吗？完善表格（表4），在学习小组内交流发现。

表4

篇目	表示色彩的词	色彩的特点	表达的情感
《绝句》	黄—翠、白—青、雪（？白）	明快、艳丽	轻松、愉悦
《将进酒》（节选）	白—青、黄河（？黄）、海（？蓝）、明镜（？白）	对比、暗淡	伤感
《宿新市徐公店》	黄—？ 菜花（？金黄）	不同层次的黄色、明快、柔和	愉悦
《敕勒歌》	天（？蓝）、野（？绿）、牛羊（？黑、？白）	柔和	愉悦

全班交流：这些不含颜色的词语，带给你怎样的感受？（更大的想象空间）

（2）回顾表格，你有什么收获？

（3）诵读，感受色彩之美。

（4）总结：今天，通过对这组古诗的学习，相信色彩的印记已留在了同学们心间。色彩，会影响人的情绪；人的心境，会让色彩产生变化。古诗中色彩的奥秘，等待着你继续探索。

设计意图：拓展阅读《敕勒歌》，诗中虽没有直接的色彩描写，却带给我们更大的想象空间，使古诗呈现的画面更丰富，让我们对古诗的理解更个性化。

古诗中的春天

成都市新都区谕亭小学　冉　星

适合年级：二年级

学习文本：

1. 村居①
〔清〕高鼎

草长莺飞二月天，拂堤杨柳②醉③春烟④。

儿童散学⑤归来早，忙趁东风放纸鸢⑥。

注释：

①村居：住在农村。②拂堤杨柳：杨柳枝条很长，垂下来，微微摆动，像是在抚摸堤岸。③醉：迷醉，陶醉。④春烟：春天水泽、草木等蒸发出来的雾气。⑤散学：放学。⑥纸鸢：风筝。鸢，老鹰。

2. 咏柳
〔唐〕贺知章

碧玉①妆②成一树③高，万条垂下绿丝绦④。

不知细叶谁裁⑤出，二月春风似⑥剪刀。

注释：

①碧玉：碧绿色的玉。这里用以比喻春天嫩绿的柳叶。②妆：装饰，打扮。③一树：满树。一，满，全。在中国古典诗词和文章中，数量词在使用中并不一定表示确切的数量。下一句的"万"，就是表示很多的意思。④绦（tāo）：用丝编成的绳带。这里指像丝带一样的柳条。⑤裁：裁剪。⑥似：如同，好像。

3.春夜喜雨(节选)
〔唐〕杜甫

好雨知①时节,当春乃②发生③。
随风潜④入夜,润物⑤细无声。

注释:

①知:明白,知道。说雨知时节,是一种拟人化的写法。②乃:就。③发生:萌发生长。④潜:暗暗地,悄悄地。这里指春雨在夜里悄悄地随风而至。⑤润物:使植物受到雨水的滋养。

【议题解析】

小学古诗词群文阅读,将学生阅读古诗词的视野引向更为广阔的天地,为教师实现群文阅读教学目标,全面提高学生的语文素养奠定了基础。这次群文阅读共选取了三首描写春天的古诗,分别为《村居》《咏柳》和《春夜喜雨》(节选)。本次群文阅读以"古诗中的春天"为中心展开,从不同的景物中感受春天的美。《村居》描写孩子们在美丽的春天放风筝的情景,《咏柳》主要描写春天的柳树,《春夜喜雨》(节选)主要写滋润万物的春雨。三首诗虽然描写的是不同的景物,但都写出了春天的美丽景色,表达了诗人对春天的喜爱和赞美,以及诗人喜悦的心情。因此,将三首诗放在一起,让学生通过找出诗中描写的景物,想象诗歌描写的画面,从而产生自身独特的读诗感受。虽然是粗浅的感受,但是这样一步一步,由单篇到群文,以"春天"为媒,伴随着对"诗"的理解,对"情"的感悟,学生"对比""理解""想象"等思维能力也会得到提升。

【教学目标】

(1)读一组古诗,引导学生借助注释,运用读诵、批注、交流等方法,读懂诗句。

(2)引导学生找到诗中所描写的春天的景物,在诗歌中听春雨、赏春景、悟诗情。

(3)感受春天的美好,激发学生对大自然的热爱之情。

【教学重点】

引导学生找到诗中所描写的春天的景物,在诗歌中听春雨、赏春景。

【教学难点】

体会诗歌所表达的情感，感受春天的美好，激发学生对大自然的热爱之情。

【教学时间】

40～60分钟。

【教学过程】

（一）猜字谜，揭示课题

（1）同学们，今天老师带来一个字谜："三人同日来，喜见百花开。"猜猜看是哪个字。你是怎么猜出来的？

答案是"春"字，从"三人同日来"即可猜出来。

（2）在你眼中，春天是什么样的？

（3）这是你们眼里的春天，几千年前诗人眼中的春天又是什么样的？

（二）初读古诗，习得学法

1. 读通读顺

（1）出示《村居》，学生自读古诗。

自读提示：

① 自读古诗，读准字音，读通诗句。

② 借助注释，理解诗句意思。

（2）同桌互读，检查字音是否准确，即时点评合作情况。

（3）指名朗读，学生相互评价。根据学生朗读情况做必要正音。

（4）齐读古诗。

（5）请学生结合插图和注释说一说诗句的意思。

2. 读古诗，赏春景

（1）读了这首诗，你眼前出现了一幅怎样的画面？看到了哪些景物？（草、莺、河堤、杨柳、儿童、纸鸢、东风）

（2）将诗歌中描写的景物圈出来。

（3）你最喜欢哪一句诗？说说原因。

① 草长莺飞二月天，拂堤杨柳醉春烟。

（这句诗生动地描写出春天时的大自然，写出了春日乡村特有的明媚、迷人的景色。）

你知道"拂堤""醉春烟"是什么意思吗？

（结合插图，让学生通过做动作去理解"拂堤"是指杨柳轻抚堤岸，"醉春烟"是指"沉醉在春天的雾气中"。）

②儿童散学归来早，忙趁东风放纸鸢。

（描述了一群活泼的儿童在大好的春光里放风筝的生动情景。）

这句诗中"纸鸢"指的是什么？从"忙趁"可感受到什么？

（出示图片，了解"纸鸢"指的是风筝，从"忙趁"感受孩子们放学后放风筝的迫不及待、兴奋的心情。）

3. 入情入境，悟诗情

（1）联系自己的生活，想一想除了诗歌中描写的景物，你从诗中仿佛还看到了什么？听到了什么？

想象：看到——桃花、燕子、杏花、小鱼儿……

听到——黄莺的歌唱、儿童的欢笑声语、风声、河水流动声……

（2）人们常说"诗中有画，画中有诗"，请同学们带着感情再读这首诗，说说感受到了什么。

（感受到春天乡村的美丽景色，还有儿童兴致勃勃地放风筝、十分快乐的景象。）

学生畅谈感受。

（3）配乐朗诵，读出自己的感情。

小结：早春二月，草长莺飞，杨柳拂堤，儿童们兴致勃勃地放风筝。有景有情，充满了童趣，多么美好的画面。（板书：景美人乐）

（三）寻找春景，感悟诗情

1. 归纳学法

我们感受了古代乡村的美好春光，谁来说一说刚才我们学习《村居》这首诗的方法？

（读诗 → 释义 → 寻找诗中描写的景物 → 想象画面 → 谈感受 → 诵读）

我们用这样的方法来读读《咏柳》《春夜喜雨》（节选）。请小组合作，完成任务。

（1）选取一首古诗，认真读一读。

（2）借助注释，说一说诗句的意思。

（3）讨论：找出诗中描写的景物，并圈出来。

想象画面,说说你仿佛看到了什么,听到了什么,感受到了什么。

2. 小组汇报(表1)

表1

篇目	诗中景物	想象画面		感受
		看到	听到	
《咏柳》	柳树、柳条、柳叶、春风	碧玉、丝绦、燕子、行人、少女头发……	春风轻拂柳枝的声音、燕子的叫声、行人走路的声音……	诗人对柳树的赞美,对春天的喜爱、赞美
《春夜喜雨》(节选)	春雨、风	小草、农田、灯火、房屋、树木、河流……	雨声、风声、植物生长、花朵开放、灯火燃烧……	诗人对春雨的赞美和喜爱。诗人喜悦的心情

(1)小组汇报:朗读,说说诗中描写的景物,想象诗中描写的画面。

(2)教师随机指导理解和朗读。

《咏柳》运用了三个比喻:把"柳叶"比作"碧玉",把"柳条"比作"丝绦",把"春风"比作"剪刀"。诗人大胆而巧妙地把"二月春风"想象成剪刀,把春风写"活"了,也把柳树写"活"了。

在《春夜喜雨》(节选)中,可通过"喜雨""好雨"感受诗人对春雨的喜爱和赞美。同学们,这时候我们应用什么样的心情来读呢?请你朗读后告诉我。(读全诗)

(3)比较发现:学了这三首诗,你发现这几首诗有什么相同之处?又有什么不同之处?

学生畅谈发现。

达成共识:

相同——这三首古诗都描写了春天的美丽景色,感受到诗人对春天的喜爱和赞美以及诗人喜悦的心情。

不同——这三首诗描写的景色不同,《村居》写的是孩子们在美丽的春天放风筝的情景,《咏柳》主要写春天的柳树,《春夜喜雨》(节选)主要写滋润万物的春雨。

配乐诵读,读出春天的美丽和对春天的喜爱之情。

小结:同样是描写春天,歌颂的事物不同,看到的景象也就不同了。诗人用精练的语言描绘出一幅幅栩栩如生的画面,可谓"诗中有画,画中有诗"。

（四）诗中有画,画中有诗

1. 诵读感悟

除了今天学习的几首诗,描写春天的古诗还有很多。让我们一起读一读这些诗歌。（配背景音乐）

2. 古诗配画

同学们,课后请从描写春天的古诗中选一首自己最喜欢的,把读这首诗时想到的画面画下来,并将古诗配在上面,从而更深刻地理解古诗的意境。

和古人找秋天

成都市簇桥小学　朱奎娟

适合年级：三年级

学习文本：

1. 山行①

〔唐〕杜牧

远上寒山②石径③斜，白云深处有人家。
停车坐④爱枫林晚，霜叶红于二月花。

注释：

①山行：在山中行走。②寒山：指深秋季节的山。③径：小路。④坐：因为。

2. 月夜忆舍弟①（节选）

〔唐〕杜甫

戍鼓②断人行③，边秋④一雁声。
露从今夜白⑤，月是故乡明。

注释：

①舍弟：谦称自己的弟弟。②戍鼓：戍楼上的更鼓。戍，驻防。③断人行：指鼓声响起后，就开始宵禁。④边秋：一作"秋边"，秋天的边地，边塞的秋天。⑤露从今夜白：指在二十四节气之一的"白露"的一个夜晚。

3. 枫桥①夜泊②

〔唐〕张继

月落乌啼③霜满天④,江枫⑤渔火⑥对愁眠。
姑苏城外寒山寺,夜半钟声到客船。

注释:

①枫桥:在今江苏省苏州市虎丘区枫桥街道阊门外。②夜泊:夜间把船停靠在岸边。③乌啼:一说为乌鸦啼鸣,一说为乌啼镇。④霜满天:空气极冷的形象语。⑤江枫:一般解释为江边枫树。⑥渔火:通常解释为渔船上的灯火。

【议题解析】

"自古逢秋悲寂寥",秋总是代表着萧瑟、离别,总让人感伤,自古以来很多写秋天的诗词都有着浓浓的离愁别绪。但是,很多诗人笔下的秋,也是热烈的、色彩绚烂的。秋风、秋月、大雁、寒霜、枫叶既能引发离愁别绪,也能引发诗人对秋的喜爱和赞美……同样的秋,不同的景;相同的情,不同的景。一个"秋"姿态万千,一个"秋"意味深长。引导学生发现古诗中"秋"的秘密,促发学生对古诗中的"秋"产生思考,就是本组群文古诗教学的目的所在。

《山行》从寒山、白云、人家写到枫林,再写到红叶,展现了一幅深秋山林图。一个"爱"字表达了诗人对这样的秋景的喜爱之情,喜爱这被霜浸染的枫叶,甚至觉得它比那二月艳丽的花儿还要红艳,表达了诗人对秋天的喜爱和赞美。《月夜忆舍弟》(节选)写于安史之乱之时,当时诗人颠沛流离,因战乱而无法与家人团聚,更无法得知家人消息。于是一只雁、一轮月引发了诗人对亲人的思念,对国家的担忧,对战乱的痛诉。《枫桥夜泊》描写诗人为躲避安史之乱下江南,一个秋天的夜晚,途中泊舟枫桥。诗人颠沛流离的境遇、孤独寂寞的心情全在这"乌、霜、枫、渔火"等景物的描写之中了。

三首古诗均抓住秋天具有代表性的景物——月、雁、霜等来表达自己的情感,但是所要表达的情感却不尽相同。从三首诗中,我们能发现同样的秋天、同样的秋景,却表达了不一样的情感;不一样的秋景又能触发同样的情感……通过这组关于秋天的古诗的学习,引领学生通过寻找古诗中的秋景,感悟秋景背后的诗情,目的不在于得出一致的结论,而是引发学生对秋景、秋情的思考。

【教学目标】

（1）通过有趣的活动引导学生抓住秋天的景物，谈自己对秋景的感受，并体会诗人的情感。

（2）通过对比发现，触发学生产生为何同样的秋景产生不一样的秋情，不一样的秋景产生一样的秋情等新的思考。

【教学重点】

通过有趣味的活动，引导学生抓住古诗中描写的秋天的景物，并体会它们表达的诗人的情感。

【教学难点】

在寻找秋景、感悟秋情和对比发现的基础上，触发学生对秋天产生思考。

【教学时间】

40分钟。

【课前活动】

读诗歌，找秋天。

（1）给大家带来一首诗歌。（齐读儿歌）儿歌描绘的是——秋天。（出示儿歌）

（2）你从哪里找到了秋天呢？（找儿歌中描写的秋天的景物）

【教学过程】

（一）看图找秋天，感受秋意

（1）继续欣赏秋天，看看谁能快速说出图片中描绘的秋天景物。（相机板书，表1）。

表1

我们眼中的秋	景	
	枫、月、秋风、大雁	

（2）这样的秋天带给你什么样的感受呢？（相机板书，表2）

表2

我们眼中的秋	景	情
	枫、月、秋风、大雁	美丽、丰收、色彩艳丽、凉爽

小结：秋天在我们眼中是多姿多彩、硕果累累的，那么在古人眼中秋天又是怎样的呢？让我们和古人一起去诗中找寻秋天。（板书：我和古人找秋天）

（二）读古诗、找秋天、品秋情

1. 读诗找景

（1）自读诗歌，注意诗的节奏和韵味。

（2）各种形式诵读：指名读《山行》，女生读《月夜忆舍弟》（节选），男生读《枫桥夜泊》。

（3）默读古诗，把古诗中描写的秋天的景物圈出来。

（4）学生汇报。（相机板书，表3）

表3

	景	情
我们眼中的秋	枫、月、秋风、大雁	美丽、丰收、色彩艳丽、凉爽
古人眼中的秋	枫林、霜叶	
	月、乌、霜、江枫	
	月、雁	

2. 听诗悟情

（1）角色扮演：邀请咱们班三位小"诗人"来扮演三位大诗人。

我们乘坐时空穿梭机来到了唐朝，瞧，那不是杜牧吗？听，他正乘车行驶在山间，不禁吟诵起《山行》；还有杜甫呢，听，他正在边关吟诵《月夜忆舍弟》（节选）呢；张继呢，夜宿枫桥边，却彻夜不眠，吟诵起了《枫桥夜泊》。

（2）听诗悟情：你们在听诗人朗读自己的诗时，感受到诗人是怎样的心情了吗？（相机板书，表4）

表4

	景	情
我们眼中的秋	枫、月、秋风、大雁	美丽、丰收、色彩艳丽、凉爽
古人眼中的秋	枫林、霜叶	爱
	月、乌、霜、江枫	愁
	月、雁	忆

3. 品情之何来

1）为什么诗人会有这样的感受

为了帮助同学们更好地理解和感受，我们来玩个游戏。

（1）游戏规则：

① 我能为《山行》选择合适的插图。

② 我能判断《月夜忆舍弟》（节选）插图中的景物是否合适。

③ 我能结合诗句意思，为《枫桥夜泊》中"月落乌啼霜满天"一句画插图。

④ 结合诗意和诗人的心情，想一想自己这样配图、判断和画的理由。

（2）选择一个自己最喜欢的游戏，可以自己玩，也可以和同桌一起玩。

2）交流、汇报（预设）

（1）《山行》。

① 选择哪一幅画？为什么？

秋天的枫叶比二月的花还要红。乘车路过枫林的诗人最想干什么？相机指名回答，朗读。

②（图片出示）红叶生在这深秋，却不畏寒冷，异常红艳，这样的枫，这样的秋，不仅诗人喜爱，我们也喜爱啊。我们一起来读。

（2）《月夜忆舍弟》（节选）。

① 你发现哪里不符合诗人的心境呢？（雁是一只，不是一群，月亮太皎洁、太明亮。）

② 为何非要是一只雁呢？一群不行吗？

③ 看这轮月亮，明亮吗？可是在诗人眼中它明亮吗？为什么？

小结：诗人心中，他自己就如那只孤独的雁，背井离乡，眼中的月亮即使再明亮也是黯淡无光的，这全是因心中思念亲人和家乡。全班齐读古诗。

（3）《枫桥夜泊》。

① 指名描述画面"月落""寒霜"。

（在这样一个月亮落下去了、没了月光、漆黑的夜晚，乌鸦在啼叫，天地之间充斥着寒冷。）

② 这样的夜晚，难怪诗人要说"江枫渔火对愁眠"。真的是江边的枫树和江上的渔火伴着愁绪入眠吗？那是谁满怀愁绪入眠呢？——诗人。猜猜他可能为什么而愁？

（三）对比发现，引发思考

（1）秋天，拉近了我们和古人的距离，回过头来仔细观察这个表格（表5），看看它可能会引发你对秋天的哪些思考。在小组内讨论交流。

表5

	景	情
我们眼中的秋	枫、月、秋风、大雁	美丽、丰收、色彩艳丽、凉爽
古人眼中的秋	枫林、霜叶	爱
	月、乌、霜、江枫	愁
	月、雁	忆

（2）汇报、交流。（预设）

学生畅所欲言、交流汇报自己的思考：

一样的秋，几多的情？

为什么一样的景，不一样的情？（板书：一样的景，不一样的情）

不一样的人，不一样的情。（板书：不一样的人，不一样的情）

……

总结：关于"秋"的古诗带给我们这么多思考，希望同学们能带着这些思考走出课堂，继续去寻找答案。

古诗中的典故

成都市武侯区磨子桥小学　祝肖何

适合年级：六年级

学习文本：

1. 浪淘沙九首·其一
〔唐〕刘禹锡

九曲①黄河万里沙②，浪淘③风簸④自天涯⑤。
如今直上银河去，同到牵牛织女家。

注释：

①九曲：自古相传黄河有九道弯，形容弯弯曲曲的地方很多。②万里沙：黄河在流经各地时挟带大量泥沙。③浪淘：波浪淘洗。④簸：掀翻，上下簸动。⑤自天涯：来自天边。

2. 迢迢牵牛星
《古诗十九首》

迢迢①牵牛星，皎皎②河汉女。
纤纤③擢④素⑤手，札札⑥弄机杼。
终日不成章⑦，泣涕零⑧如雨。
河汉清且浅，相去复几许⑨。
盈盈⑩一水⑪间⑫，脉脉⑬不得语。

注释：

①迢（tiáo）迢：遥远的样子。②皎皎：明亮的样子。③纤纤：纤细柔长

的样子。④擢（zhuó）：引，抽，接近伸出的意思。⑤素：洁白。⑥札（zhá）札：象声词，机织声。⑦章：指布帛上的经纬纹理，这里指整幅布帛。⑧零：落下。⑨复几许：又能有多远。⑩盈盈：水清澈、晶莹的样子。⑪一水：指银河。⑫间（jiàn）：间隔。⑬脉（mò）脉：含情相视的样子。

3. 出塞
〔唐〕王昌龄

秦时明月汉时关，万里长征人未还。
但使①龙城飞将在，不教②胡马③度④阴山。

注释：
①但使：只要。②不教：教，让。不教，不让。③胡马：指侵扰内地的外族骑兵。④度：越过。

4. 和张仆射塞下曲·其二
〔唐〕卢纶

林暗草惊风①，将军夜引弓②。
平明③寻白羽④，没⑤在石棱中。

注释：
①惊风：突然被风吹动。②引弓：拉弓，开弓，这里包含下一步的射箭。③平明：天刚亮的时候。④白羽：箭杆后部的白色羽毛，这里指箭。⑤没：陷入，这里是钻进的意思。

【议题解析】

以典入诗是历代诗人常用的修辞手法。诗人借典故来表达愿望或情感，从而增加词句的形象、含蓄与典雅，丰富意境的内涵。用典也可避免一览无余的直白，在诗行间给读者留下联想和思索的余地。引导学生关注典故，探究典故背后的故事，既可以帮助学生更准确地理解诗歌，也可以激发学生对传统文化的兴趣。

本课选择的两组诗中涉及的典故"牛郎织女""飞将军李广"都是学生比较熟悉的故事，便于学生进行理解、学习。这两个典故，一个来自神话故事，一个来自历史故事，是典故较常见的出处，具有一定的代表性。

《浪淘沙九首·其一》《迢迢牵牛星》都用了"牛郎织女相隔银河"的典故，但《浪淘沙九首·其一》是借这个典故表达诗人逆流而上的豪迈气概，《迢迢牵牛星》则是借此抒发了女子的离别相思之情。《出塞》《和张仆射塞下曲·其二》均用了"飞将军李广"的典故，前者借典故慨叹远征之苦，体现出诗人对良将、对战争胜利的渴望，暗含讽刺，后者却借典故展示了边塞将领镇定自若、从容不迫、骁勇无敌的英姿，满是赞扬。同一组的两首诗虽然都用了相同的典故，却表达出了不同的思想感情，给人以不同的阅读感受。这样的相同和不同，容易激发学生的学习兴趣，也有利于帮助学生体会"古诗可以或直白，或含蓄地运用典故来抒发感情"这一特点。

【教学目标】

（1）通过寻找诗中的故事，了解古诗中的典故可以来源于神话传说、历史故事。

（2）通过比较阅读，体会古诗中或直白，或含蓄地运用典故来抒发感情的方式，体会运用典故可以使古诗显得更生动、有趣，可以增强古诗的艺术性。

（3）通过拓展阅读，激发学生探究古诗中典故的兴趣。

【教学重难点】

通过比较阅读，体会古诗中或直白，或含蓄地运用典故来抒发感情的方式。

【教学准备】

PPT、关于牛郎织女传说的动画、文本材料。

【教学时间】

40分钟。

【教学过程】

（一）寻找故事，初识典故

（1）导入：这节课，我们要一起学习几首古诗。

（2）学生自读《浪淘沙九首·其一》《迢迢牵牛星》。

（3）指名朗读，其他学生思考：这两首诗中藏着什么故事？（牛郎织女的故事）

（4）了解故事。（播放动画）

（5）教师讲解，明确用典概念。

在诗文中引用古籍中的故事或词句，叫作用典。这两首诗都用了"牛郎织

女相隔银河"这个典故。（板书：神话故事）

（6）揭示议题：今天，我们一起来学习古诗中的典故。

（二）对比阅读，发现不同

1. 读议《浪淘沙九首·其一》《迢迢牵牛星》

（1）这两首诗都用了牛郎织女的典故，诗人借助这个典故表达了什么样的情感呢？请同学们默读思考，并批注在诗歌旁边。

（2）交流汇报，相机指导朗读。

①《迢迢牵牛星》表达了思念之情。（个别读、女生读）

②《浪淘沙九首·其一》表达了远大抱负。

教师点拨：牛郎和织女是天上的星宿名称，和高高在上、距离遥远的朝中之位相似。刘禹锡本在朝廷任高官，因革新失败遭到贬谪，但他为苍生造福的理想永不改变。这首诗表达了诗人希望能有一番作为的渴望。（个别读、男生读）

（3）比较、讨论：明明是运用同一个典故，为什么表达的情感会不同？

（《迢迢牵牛星》是在民歌基础上发展起来的五言诗，语言浅显，表达情感很直白；《浪淘沙九首·其一》表达的是诗人的政治理想，不能明说，只能含蓄地表达自己的情感。）

（4）小结：借助典故，诗人可以或直白，或含蓄地抒发自己的情感。（板书：抒发情感）

2. 读议《出塞》《和张仆射塞下曲·其二》

（1）过渡：除了神话故事，古诗中还会有哪些典故呢？同学们接着读读《出塞》《和张仆射塞下曲·其二》。

（2）找出故事：这个故事的主人公就是汉代大将李广，人称"飞将军"。李广这个人在历史上是真正存在的，可见，古诗中的典故还可以来自历史故事。

（3）小组合作讨论：这两首诗借助"飞将军李广"的典故各自表达了什么样的感情呢？

（4）小组汇报，教师提示，相机指导朗读。

《出塞》：诗人呼唤"飞将军"，其实是含蓄地讽刺了眼下边防将帅的无能。这个典故的运用，使诗人的讽刺之情显得更加委婉。

《和张仆射塞下曲·其二》：赞扬了边塞将领从容不迫、骁勇无敌的英姿。

（5）小结：借助典故，诗人可以根据表达的需要，或直白，或含蓄地抒发自己的情感。

（三）比较统整，悟"典"作用

（1）思考：古诗中也有不少诗歌是没有用典的。相比而言，你觉得这四首用了典故的诗，带给你什么不一样的阅读感受？

（古诗显得更生动、有趣，更有画面感，更形象；引发读者的联想……）

（2）的确，典故可以让诗歌更有声有色，更能引起读者的共鸣。这些诗句中也藏着典故，你能发现吗？

白兔捣药成，问言与谁餐？——李白《古朗月行》

至今思项羽，不肯过江东。——李清照《夏日绝句》

大江东去，浪淘尽，千古风流人物。故垒西边，人道是，三国周郎赤壁。——苏轼《念奴娇·赤壁怀古》

（四）拓展阅读，延伸课外

（1）除了神话故事、历史故事，还有其他内容也可以作为典故的来源。

化蝶方酣枕，闻鸡又著鞭。——陆游《邻水延福寺早行》

商女不知亡国恨，隔江犹唱后庭花。——杜牧《泊秦淮》

长风破浪会有时，直挂云帆济沧海。——李白《行路难·其一》

报君黄金台上意，提携玉龙为君死。——李贺《雁门太守行》

（2）这些诗中又藏着怎样的典故呢？借助这些典故，诗人又表达出什么样的情感呢？课后，同学们可以继续你们的探索之旅。

数字与诗境

成都市泡桐树小学绿舟分校　杜　鹃　蒋　毅

适合年级：六年级

学习文本：

1. 山村咏怀
〔宋〕邵雍

一去①二三里，烟村②四五家。
亭台③六七座，八九十枝花。

注释：

①去：距离。②烟村：被烟雾笼罩的村庄。③亭台：泛指供人们游赏、休息的建筑物。

2. 望庐山瀑布
〔唐〕李白

日照香炉生紫烟，遥看瀑布挂前川。
飞流直①下三千尺②，疑③是银河④落九天⑤。

注释：

①直：笔直。②三千尺：形容山高。这里是夸张的说法，不是实指。③疑：怀疑。④银河：古人指银河系构成的带状星群。⑤九天：一作"半天"。极言天高。古人认为天有九重，九天是天的最高层，九重天，即天空最高处。此句极言瀑布落差之大。

3. 九月九日①忆山东兄弟

〔唐〕杜甫

独在异乡②为异客③，每逢佳节④倍思亲。
遥知兄弟登高⑤处，遍插茱萸⑥少一人。

注释：

①九月九日：重阳节。②异乡：他乡、外乡。③为异客：做他乡的客人。④佳节：美好的节日。⑤登高：古有重阳节登高的风俗。⑥茱萸：一种植物。古时人们认为重阳节插戴茱萸可以避灾克邪。

4. 江雪

〔唐〕柳宗元

千山鸟飞绝①，万径②人踪③灭。
孤④舟蓑笠⑤翁，独⑥钓寒江雪。

注释：

①绝：尽，无，没有。②万径：虚指，指千万条路。径，小路。③人踪：人的脚印。④孤：孤零零。⑤蓑笠（suō lì）：蓑衣和斗笠。笠，用竹篾编成的帽子。⑥独：独自。

【议题解析】

"数"从娄从攴，计也。"字"是用来记录语言的符号。"数字"用来表示数的书写符号。数字字形简单，字意单一，数量有限，可以说毫无美感。但它们一旦出现在古诗中，就会幻化出无穷的魅力。如何解读古诗中的数字，是需要我们思考的问题。因此，本节群文课的议题着重于以下三个方面：

（1）数字与文字的关系。数字是记数文字，是文字的一种，它的特点是简洁、准确。

（2）数字与文学的关系。诗歌是文学的一种表现形式，诗中的数字能够恰到好处地烘托环境、表露心境、营造意境。

（3）数字与文化的关系。文化是人类全部的精神活动及其产品的总和，数字入诗有着自己的发展轨迹，源远流长。在岁月的历史长河中，一直保持旺盛的生命力。

这四首诗中都有数字，有的是具体的数字，有的是表示数字的文字。《山村咏怀》连用十个数字，描绘了美丽山村的环境，衬托出邵雍愉快闲适的心境。连用的数字使整首诗读起来极具音韵美感。《望庐山瀑布》中，出现了夸张的"三千"和具有独特文化的"九"。《九月九日忆山东兄弟》中出现了具体的数字和表示数字的文字，这些数字共同营造了王维异乡孤独、怀乡思人的意境。《江雪》中出现的六个数字形成强烈的对比，让我们感受到柳宗元的"千万孤独"。

总体看来，这组选文中均有数字，但数字的使用、数字的表达方式、数字的意义、数字背后的文化是不同的。因此在学习过程中，要注重培养学生提取信息、比较辨析、统整综合的能力，不断助推学生思维的发展。

【教学目标】

（1）诵读古诗，引导学生结合数字赏析古诗，从数字角度体会古诗的意境美，激发学生热爱祖国传统文化的热情。

（2）让学生在古诗的"比、对、读、议"中，感悟数字在古诗中独特的意韵。

【教学重点】

诵读古诗，引导学生结合数字赏析古诗，从数字角度体会古诗的意境美，激发学生热爱祖国传统文化的热情。

【教学难点】

在古诗的"比、对、读、议"中，感悟数字在古诗中独特的意韵。

【教学时间】

40分钟。

【教学过程】

候场游戏：猜猜数字的意思

先后出示：1314   520   9494   740   666

设计意图：通过数字游戏，引导学生发现数字的秘密，激发学生的学习兴趣。

（一）发现数字，了解数字分两类

（1）多种方式读古诗，发现古诗的共同点。

（2）生圈数字，集体汇报。

（3）发现《山村咏怀》数字的特点，指导学生体会数量的不同。

（4）给数字分类。

（5）统整：你们真的非常厉害，竟然从古诗中发现了两种不同的数字：一种是具体的数字，一种是有数字意味的文字。

设计意图：学生通过初读古诗，发现诗歌中藏着数字，并通过归类发现数字的不同表达方式，为理解数字的意思做铺垫。

（二）品味数字，体会数字描绘环境、衬托心境的作用

（1）过渡：古人发明数字是为了把事物的数量记录下来，但是这几首诗中的数字仅仅是在表示数量吗？

（2）生交流。

（3）布置自学任务：那它们有什么作用呢？我们一起来品味一下。齐读自学要求：请任选一首古诗，就诗中的一个或几个数字想一想，你可以感受到什么？

（4）生自由和同桌交流感受。

（5）你能够看到怎样的画面呢？体会到诗人怎样的情感呢？

① 品味《山村咏怀》。

引导：通过各种数字的连用，你体会到了什么？

预设：体会到了美丽的山村和作者愉快闲适的心情。

② 品味《望庐山瀑布》。

出示：老子的《道德经》，"三生万物"说明三会产生无穷无尽的变化。所以，在我们中国的传统文化里，"三"代表生生不息，延绵不绝。

交流：你知道"九天"是什么地方吗？

点拨："天"是一个平声字，它的声音可以无限延长。

小结：你们无限延长的声音，把壮美的庐山瀑布带到了我们眼前。"三""九"是有着独特文化韵味的数字，当这样的数字被运用到诗句中时，诗便充满了文化韵味。

③ 品味《江雪》。

交流："千、万"表示无限，"绝、灭"表示没有分毫，从这极致的对比中，你体会到了什么？

小结：通过数字的对比，我们体会到了作者心中无尽的孤独和逆境中的坚强。

④品味《九月九日忆山东兄弟》。

引导交流：题目中"九"这个数字出现了两次，你有什么感受？

小结：诗歌中藏着王维对家人的思念，也藏着家人对王维的思念。

⑤统整：发现数字描绘环境、衬托心境的作用。

交流：根据你刚才从数字中感受到的内容，用上一组关联词来说说你的发现。

小结：我们从数字中不仅读到了环境，还感受到了诗人独特的心境。

设计意图：通过发现诗歌中不同的数字，感受数字不同的表达方式，体会数字在诗歌中描绘环境、衬托心境的独特作用。

（三）统整数字，感受意境

交流：现在我们来看看这四首诗可以怎么分类。

1.《山村咏怀》《望庐山瀑布》一类，《江雪》《九月九日忆山东兄弟》一类

预设1：因为前两首诗中只有数字，后两首诗中既有数字也有文字。

预设2：因为前两首诗比较欢快，后两首诗表达了孤独。

2.《山村咏怀》《望庐山瀑布》一类

交流：这两首诗中的数字有什么相同之处吗？

预设1：全部是数字，有数字"三""九"；都表达对大自然的喜爱。

预设2：数字不同，使用数字的方法不同。

统整：看来相同的数字在不同的诗中，会有别样的韵味。

3.《江雪》《九月九日忆山东兄弟》一类

交流：这两首诗有什么相同之处？

预设1：作者的情感都是孤独的。

讨论：他们表达的是同样的孤独吗？

出示：王维和柳宗元的背景资料。

追问：他们表达的是同样的孤独吗？

预设2：王维的孤独是少年异乡思亲；柳宗元的孤独是无亲人在侧、无朋友在旁，在这辽阔的天地间，他的清高孤傲、他的怀才不遇、他的渴望、他的向往、他的千万孤独无人能懂。

统整：与其说我们在读诗，不如说我们在读人生。我们从数字中，读到了王维年少时的异乡孤独，读到了一个孩子对亲人的思念。从数字中我们读到了柳宗元的意气风发，读到了他深陷困境，更读到了他面对困境清高孤傲而又不失希望的意境。

设计意图：通过统整，帮助学生建立不同诗歌中数字的联系，形成数字诗群文阅读结构化思维，从而使学生更加深入地理解诗歌内容。

（四）总结升华

总结：今天我们研读了数字与诗，从数字中，我们读到了王维长久的思念，读到了柳宗元孤独中的希望。从数字中，我们跟随李白欣赏了壮美的庐山瀑布，跟随邵雍欣赏了美丽的田园风光。是的，这节课我们读到了数字与诗境。

中国的数字来源于结绳记事，数字被写入诗中，萌芽于公元前221年以前的先秦时期，形成于两汉时期，鼎盛于唐朝，并且沿用至今。数字诗，经过时间长河的淘洗，在文学殿堂里依旧闪闪发光。从这璀璨的光芒中，我们可以读到故事，读到历史，读到文化……

设计意图：帮助学生进一步体会数字在诗歌中的作用，了解诗歌在中华文化中的独特意义。

古诗中的"丝绸之路"

成都市天府新区第四小学 阙 蕾

适合年级：六年级

学习文本：

1. 秦州①杂诗二十首·其七

〔唐〕杜甫

莽莽万重山，孤城山谷间。

无风云出塞，不夜月临关。

属国归何晚，楼兰斩未还②。

烟尘独长望，衰飒③正摧颜④。

注释：

①秦州：今甘肃省天水市。②属国归何晚，楼兰斩未还：这句中有两个典故。上句指汉武帝时，苏武出使匈奴，被扣留十九年，归国后，任典属国官职。"典属国"指唐朝使节。下句"楼兰斩未还"指汉武帝时派遣使者到大宛国去，楼兰阻挡道路，扣留汉朝使者。后来汉昭帝派遣傅介子前往楼兰，用计斩楼兰国王而归。诗人借这两个典故，表明希望唐朝同周围各少数民族友好交往。③衰飒：衰落萧索（景象）。④摧颜：愁容满面。

2. 金城①北楼

〔唐〕高适

北楼西望满晴空，积水连山胜画中。

湍②上急流声若箭③，城头残月④势⑤如弓。

垂竿已羡磻溪老，体道犹思塞上翁⑥。
为问边庭⑦更何事⑧，至今羌笛⑨怨无穷。

注释：

①金城：今甘肃省兰州市。②湍（tuān）：指湍濑，水浅急流之处，这里指黄河滔滔的流水。③声若箭：形容激流的声音像箭离弦时一样清脆响亮，富有声势。④残月：指下弦月。⑤势：形状。⑥垂竿已羡磻溪老，体道犹思塞上翁：这句中有两个典故。上句是姜子牙隐居于"磻溪"垂钓的典故。垂竿，即垂钓，指隐居。磻溪老即指姜子牙，此亦泛指隐者。诗人引用典故表明自己已经结束了无所作为的闲散生活，此次千里西行，将要有所作为。下句"塞上翁"来源于《淮南子·人间训》中"塞翁失马"的故事，反映了老子的"祸兮福所倚，福兮祸所伏"的辩证思想。羡，羡慕。体道，体会人事规律。⑦边庭：边境。⑧更何事：还有什么情况。⑨羌（qiāng）笛：乐器，出于羌族，因以名之，其曲音调多凄婉。

3. 凉州①词二首
〔唐〕王翰

其一
葡萄美酒夜光杯②，欲③饮琵琶④马上催⑤。
醉卧沙场⑥君莫笑，古来征战⑦几人回。

其二
秦中⑧花鸟已应阑⑨，塞外风沙犹自寒。
夜听胡笳⑩折杨柳⑪，教人意气⑫忆长安⑬。

注释：

①凉州：今甘肃省武威市。②夜光杯：用白玉制成的酒杯，光可照明，这里指华贵而精美的酒杯。③欲：将要，正要。④琵琶：这里是作战时发出号角的声音时用的。⑤催：催人出征。⑥沙场：平坦空旷的沙地，古时多指战场。⑦征战：打仗。⑧秦中：指今陕西中部平原地区。⑨阑：尽。⑩胡笳：古代流行于塞北和西域的一种类似笛子的乐器，其声悲凉。⑪折杨柳：乐府曲辞，属《横吹曲》，多描写伤春和别离之意。⑫意气：情意。⑬长安：这里

代指故乡。

4. 从军行①七首·其四
〔唐〕王昌龄

青海②长云③暗雪山④，孤城遥望玉门关⑤。
黄沙百战穿金甲，不破⑥楼兰⑦终不还⑧。

注释：

①从军行：乐府旧题，多是反映军旅辛苦生活的。②青海：指青海湖，在今青海省。③长云：层层浓云。④雪山：祁连山，山巅终年积雪，故云。⑤玉门关：汉代边关名，在今甘肃省敦煌市西北。⑥破：斩。⑦楼兰：汉时西域国名，在今新疆维吾尔自治区鄯善县东南一带。西汉时楼兰国王与匈奴勾结，屡次杀害汉朝通西域的使臣。⑧终不还：竟不还。

【议题解析】

作为最古老的商路之一，丝绸之路以及沿线著名城市是我国历代文学作品中频繁被提及和歌咏的重要素材。千年流传下来的有关丝绸之路的经典不胜枚举，这些诗词中有边疆景、边关情，有个人的成败得失，更有家国的兴衰荣辱，其内涵值得挖掘和体会。"古丝绸之路"有如此灿烂的文学印记，然而自提出"新丝绸之路经济带"和"21世纪海上丝绸之路"的合作倡议开始，"丝绸之路"延伸出来的"一带一路"是历史与时代的接轨，是古今文明的传承。在文本的选择中，首先着眼于"古丝绸之路"上的历史名城或文化遗迹，发现在"天水、兰州、武威、青海、敦煌"一带既有古代名家的名作，又有相似的创作背景：国家动荡，诗人心怀家国却远走他乡，叹戍边将士苦，忧民间百姓难。几首诗都描写了边关的萧瑟之景，景中都含思念故土之情，情中都融保家卫国之决心，大爱与小情的融合，大国与小家的难舍让诗情动人，让字句更动心。用这几首古诗来组文，是让"丝绸之路"在诗中变得有血有肉，有情有义，让"丝绸之路"不仅仅是中西经济、文化交往的通道，更是爱国精神、家国情怀的载体，激发学生进一步了解这条古老而又正在焕发新生的"丝绸之路"的兴趣，去挖掘其历史，展望其未来。

【教学目标】

（1）诵读一组古诗，借助注释和译文理解诗意，由景入情，感受诗句中景物描写所表达出的情感。

（2）探寻情感表达背后的原因，情牵梦萦，体会诗人爱国情怀的同时发现其国土完整、国家和平的"梦"，引出"一带一路"的当代中国梦。

【教学重难点】

景、情、梦三个方面的联结。

【教学准备】

PPT。

【教学时间】

40分钟。

【教学过程】

（一）视频导入，揭开议题

师：2100多年前的西汉，伟大的开拓者张骞率领一百多人出使西域，打通了汉朝通往西域的南北道路，这就是赫赫有名的"丝绸之路"（播放"丝绸之路"纪录片的片段）。这是一条让世界认识中国的路，是一条让中国走向世界的路。悠悠岁月，茫茫时光，驼铃声、马蹄声、吆喝声依然回响，边关古城、烽火狼烟依稀存在，不仅如此，在"丝绸之路"上还有各朝各代文人墨客游踏的脚印，还有他们留下的千古传唱的历史名篇。今天就让我们随着诗人的笔端，跟着古诗词重游"丝绸之路"。

（二）初见"丝绸之路"——动心

（1）师：请同学们用自己喜欢的方式读这几首古诗，把诗句读通读顺，结合注释和译文理解诗句的意思，边读边思考这几首古诗分别是诗人游历到哪个地方所创作的（出示"丝绸之路"的路线图），结合"丝绸之路"的路线图，给几首诗排序，确定我们的游历路线。

PPT出示学习要求：

用喜欢的方式读几首古诗，读通读顺，结合注释和译文理解诗句的意思。

思考几首古诗分别是诗人游历到哪个地方所创作的，进行排序，确定路线。（表1）

表1

古地名	秦州	金城	凉州	祁连山脉、青海湖一带、玉门关、楼兰
今地名	天水	兰州	武威	青海至敦煌一带的广大地区

（2）学生根据注释中古今地名的变化确定"天水—兰州—武威—青海至敦煌一带"的重游路线。

（3）师：我们沿着"天水—兰州—武威—青海至敦煌一带"这条路线踏上"丝绸之路"，一路上，你都能看到怎样的风景？结合译文用自己的话说一说。

PPT出示学习要求：

结合译文用自己话说一说所见风景。

预设：

《秦州杂诗二十首·其七》：莽莽万重山，孤城山谷间。无风云出塞，不夜月临关。

——巍巍群山，一座孤城，云在天上流，月色早早洒满边关。

《金城北楼》：北楼西望满晴空，积水连山胜画中。湍上急流声若箭，城头残月势如弓。

——晴朗的天空下，流水依傍着山峰，水浅急流处，水流奔流而过，城头的月像弯弓。

《凉州词二首》：秦中花鸟已应阑，塞外风沙犹自寒。

——大风凛冽吹，黄沙漫天飞。

《从军行七首·其四》：青海长云暗雪山，孤城遥望玉门关。黄沙百战穿金甲，不破楼兰终不还。

——青海湖上漫漫云雾，雪山暗淡无色，一座孤城和玉门关遥遥相望，边塞黄沙万里。

（PPT出示遗址图片）

（三）又见"丝绸之路"——动情

（1）师：我们一路向西，边走边看，这一路看到的景物，让你有什么样的感受，为什么？我们来聊一聊。

PPT出示学习要求：

聊聊观景后的感受并说说原因。

（学生自由说：美丽、孤寂、萧瑟……）

（2）师：在此情此景中，诗人通过描写表达的情感和你的一样吗？我们再读这几首诗，用诗人的眼看风景，走进诗人的内心，体会诗人借景抒发的情感，你就是他，他就是你，让他来告诉你为什么会有这样的情感表达。

PPT出示学习要求：

体会诗人借景抒发的情感，扮演诗人，聊聊为什么。

预设：

《秦州杂诗二十首·其七》：杜甫——忧国忧民之情，因为当时唐朝正值安史之乱并有吐蕃入侵。

《金城北楼》：高适——对前途的希望和对边关战事的牵挂，因为当时诗人正经历人生的转折，同时边塞战争频繁，广大戍边将士久久未归。

《凉州词二首》：王翰——悠悠思乡情，因为将士们多年驻守边关，离别家乡。

《从军行七首·其四》：王昌龄——壮志未酬、勇赴战场的豪迈之情，因为当时将士们还未打败进犯之敌，家国不安定。

（学生扮演诗人，可以用"第一人称"自己表达，也可以互相交流表达）

（四）再见"丝绸之路"——动念

（1）师：同学们，你们发现了吗？四位诗人所表达的情感有一个共同点，都把（国家、祖国、国土……）放在了心中，他们都有一个梦，你们知道是什么吗？

（学生自由表达：祖国统一、领土完整、和平安定……）

（2）师：四位诗人的有生之年，这样的"梦"实现了吗？（没有）那么，1000多年后的今天，他们的"梦"实现了吗？（实现了）

（展示"新丝绸之路"的风光）

（3）师：此时此刻，我们不禁想象，如果这四位诗人穿越而来，见此"新丝绸之路"，会说些什么呢？（学生发挥想象，自由表达）曾经瑰丽的风光正在复苏，曾经战火纷飞的土地正在复兴，诗人们再不会忧愁、孤寂，再不会离乡背井，远离故土。

（五）拓展延伸，总结升华

师：此去经年，战火已远去，剩下的是历史与和平，到今天，在祖国振兴、继往开来的新时代，古老的"丝绸之路"正焕发新的生机。2013年，我国提出建设"新丝绸之路经济带"和"21世纪海上丝绸之路"的合作倡议，"丝绸之路"从诗中走出，走进新时代，它曾经塑造了过去的世界，正在塑造当今的世界，也将塑造未来的世界，它打开了一部全新的"世界史"。

希望同学们能够走进这部"世界史"，搜集、诵读更多古代"丝绸之路"上的古诗词，阅读、积累更多新时代"丝绸之路"上的美文佳作。

趣味数字，魅力古诗

四川省内江市资中县教育研究室　韦 怡

适合年级：五年级

学习文本：

1. 题秋江独钓图
〔清〕王士祯

一蓑①一笠②一扁舟③，一丈丝纶④一寸钩。
一曲高歌一樽⑤酒，一人独钓一江秋。

注释：
①蓑：用草或棕麻编织成的雨衣。②笠：用竹篾或芦秆、竹叶编织的帽子，用于防日晒、防雨淋。③扁舟：小船。④丝纶：丝编织成的钓鱼的绳子。⑤樽：酒杯。

2. 咏雪
〔清〕郑板桥

一片两片三四片，五六七八九十片。
千片万片无数片，飞入梅花总不见。

3. 不第①后赋菊
〔唐〕黄巢

待到秋来九月八②，我花开后百花杀③。
冲天香阵透长安，满城尽带黄金甲④。

注释：

①不第：科举落第。②九月八：九月九日为重阳节，有登高赏菊的风俗，说"九月八"是为了押韵。③杀：草木枯萎。④黄金甲：指金黄色铠甲般的菊花。

4. 百鸟归巢①图
〔明〕伦文叙

天生一只又一只，三四五六七八只。
凤凰②何少鸟③何多，啄尽人间千万石。

注释：

①巢：影射"腐败的朝廷"。②凤凰：是吉祥如意的象征，诗中代表贤人，指有真才实学的人。③鸟：没有学识但却居于高位的人。一说指坏人，奸臣。

5. 早发①白帝城②
〔唐〕李白

朝③辞④白帝彩云间⑤，千里江陵⑥一日还。
两岸猿⑦声啼⑧不住⑨，轻舟已过万重山⑩。

注释：

①发：启程。②白帝城：故址在今重庆市奉节县白帝山上。③朝：早晨。④辞：告别。⑤彩云间：因白帝城在白帝山上，地势高耸，从山下江中仰望，仿佛耸入云间。⑥江陵：今湖北省荆州市。从白帝城到江陵约一千二百里，其间包括七百里三峡。⑦猿：猿猴。⑧啼：鸣、叫。⑨住：停息。⑩万重山：层层叠叠的山。

6. 赠汪伦①
〔唐〕李白

李白乘舟将欲行，忽闻岸上踏歌②声。
桃花潭③水深千尺④，不及⑤汪伦送我情。

注释：

①汪伦：李白的朋友。②踏歌：唐代民间流行的一种手拉手、两足踏地为节拍的歌舞形式，可以边走边唱。③桃花潭：在今安徽泾县西南一百里。《一

统志》谓其深不可测。④深千尺：诗人用潭水深千尺比喻汪伦与他的友情，运用了夸张的手法。⑤不及：不如。

7. 秋浦歌十七首·其十五
〔唐〕李白

白发三千丈，缘愁似个①长。
不知明镜里，何处得秋霜②。

注释：

①个：如此，这般。②秋霜：形容头发白如秋霜。

【议题解析】

"古诗群文阅读"这一教学模式不失为解决小学阶段古诗学习问题的有效途径。"古诗群文阅读"是以"古诗词"为切入点，从古代诗词中精选出若干具有相同题材、相同主题或相同文化观念的作品，结合教材，组合成"群"，开展群文阅读教学。本次所选择的七首古诗均与教学主题——数字诗相关，单调平淡的数字经诗人巧妙运用，既有实指用法，也有虚指用法，既能夸张，也能对比，文辞生辉，情趣盎然。通过学习，学生能够感受到数字在古诗中的魅力。本课的教学设计是以三首数字诗作为"主诗"，为课堂奠定基础，再用与之相关的四首数字诗作为"辅诗"进行拓展训练。整个教学设计分为两条线，第二条线为第一条线的升华。课堂教学时以精读、略读为主法，以分享感悟为核心，以探索发现为乐趣，让学生在比较中学习、鉴别，举一反三，学会思考，学会学习。学生通过群文阅读走进每组古诗的意境，与多位诗人产生共鸣，自然而然地提高古诗的鉴赏能力。

【教学目标】

（1）了解古诗中数字的"实指与虚指"，体会数字在古诗中的"夸张与对比"，感受数字在古诗中的魅力。

（2）培养学生的诗歌鉴赏能力。

（3）读写结合，尝试改编或创编"数字诗"。

【教学重点】

了解古诗中数字的"实指与虚指"，体会数字在古诗中的"夸张与对比"，感受数字在古诗中的魅力。

【教学难点】

读写结合，尝试改编或创编"数字诗"。

【教学准备】

课件。

【教学时间】

40分钟。

【教学过程】

（一）课前热身，营造气氛

1. 大胆猜测

出示斗鸡、斗牛、斗蛐蛐儿的图片，让学生猜测。

2. 小试牛刀

（1）一马当先：抢答下一句。

千山鸟飞绝，（　　　　）。欲穷千里目，（　　　　　　）。遥望洞庭山水翠，（　　　　　）。

（2）接二连三：抢答上一句。

（　　　　），疑是银河落九天。（　　　　），手可摘星辰。（　　　　），万条垂下绿丝绦。

（3）举一反三：根据提示猜诗句。

（4）八仙过海：根据图示猜古诗。

（二）揭示议题，学习群文

在刚才抢答的诗句里，你们发现它们都具有一个什么特点？通过简简单单的数字走进古诗，会让我们感受到怎样的魅力呢？

1. 探讨古诗中数字的实指、虚指用法

1）共同学习《题秋江独钓图》

（1）自由读，边读边想象其画面。

（2）自由谈，探讨诗中数字之趣。

师生共小结：像"一"这样的数字，它表示事物实实在在的数量，这就是数字的实指用法。

（3）再次读，探讨诗中意境之妙。

2）自主学习《咏雪》

（1）自由读，勾画圈点诗中数字。

（2）明方法，探讨诗中数字之趣。

生小结：像"千片、万片"这样的数字，它不是指事物的实际数量，这就是数字的虚指用法。

（3）品味读，边读边想象其画面。

3）合作学习《不第后赋菊》《百鸟归巢图》，完成学习单（一），体味实指、虚指之妙

（1）自读合作要求。

（2）小组探讨学习。

（3）组内讨论交流。

（4）全班交流分享。

学习单（一）

不第后赋菊

〔唐〕黄巢

待到秋来九月八①，我花开后百花杀②。

冲天香阵透长安，满城尽带黄金甲③。

注释：①九月八：九月九日为重阳节，有登高赏菊的风俗，说"九月八"是为了押韵。②杀：草木枯萎。③黄金甲：指金黄色铠甲般的菊花。

百鸟归巢①图

〔明〕伦文叙

天生一只又一只，三四五六七八只。

凤凰②何少鸟③何多，啄尽人间千万石。

注释：①巢：影射"腐败的朝廷"。②凤凰：是吉祥如意的象征，诗中代表贤人，指有真才实学的人。③鸟：没有学识但却居于高位的人。一说指坏人，奸臣。

答题思维导图：

我们要分享的古诗是（　　　）——诗中的数字有（　　　）——这些数字属于（　　　）——从中我们体会到了（　　　）。

4）拓展提升，改编、创编古诗

2. 品味数字在古诗中的夸张和对比用法

1）品味《早发白帝城》

（1）读诗文，找数字。

（2）思修辞，品感情。

诗中的数字有（　　　），透过这些数字，可以看出诗句运用了什么修辞手法？你从哪里体会到的？

"千里"表明路程之远，"万重"表明经过了重重高山；"千里"的行程之远又与"一日"就能到达的时间之短形成了鲜明的对比。（板书：对比）

（3）谈体会，再次读。

从夸张、对比中，你感受到了什么？

小结：诗中的数字既体现了夸张，又形成了对比，这样的数字让古诗更富有魅力。

2）小组合作自主探究《赠汪伦》《秋浦歌十七首·其十五》，交流分享

（1）自读合作要求，完成学习单（二）。

（2）组内探究交流。

（3）全班分享交流。

（4）谈体会，再读再悟。

学习单（二）

赠汪伦

〔唐〕李白

李白乘舟将欲行，忽闻岸上踏歌声。
桃花潭水深千尺，不及汪伦送我情。

秋浦歌十七首·其十五

〔唐〕李白

白发三千丈,缘愁似个长。

不知明镜里,何处得秋霜。

答题思维导图:

我最感兴趣的古诗是(　　　)——诗中的数字有(　　　)——这些数字属于(　　　)——从中我体会到了(　　　)。

3. 迁移运用,猜填数字

(1)出示《白雪歌送武判官归京》,猜测填数字。

白雪歌送武判官归京

北风卷地白草折,胡天(　　)月即飞雪。

忽如(　　)夜春风来,(　　)树(　　)树梨花开。

散入珠帘湿罗幕,狐裘不暖锦衾薄。

将军角弓不得控,都护铁衣冷难着。

瀚海阑干(　　)丈冰,愁云惨淡(　　)里凝。

……

(2)分享交流,说明填写原因。

(3)出示原诗,自悟数字用法。

(三)总结全课

数字走进古诗,有实指,也有虚指,能夸张,也能对比,让古诗充满了魅力。数字的妙用还有很多很多,让我们在以后的学习中继续徜徉于诗山词海,一定能感受到更多的数字之趣、古诗之魅。

奇妙的数字诗

四川省资阳市雁江区第一小学　李晓瑜

适合年级：四年级

学习文本：

1. 山村咏怀
〔宋〕邵雍

一去①二三里，烟村②四五家。
亭台六七座，八九十枝花。

注释：
①去：指距离。②烟村：被烟雾笼罩的村庄。

2. 咏雪
〔清〕郑燮

一片两片三四片，五六七八九十片。
千片万片无数片，飞入梅花总不见。

3. 题秋江独钓图
〔清〕王士祯

一蓑一笠一扁舟，一丈丝纶一寸钩。
一曲高歌一樽酒，一人独钓一江秋。

4. 秋浦①歌十七首·其十五

〔唐〕李白

白发三千丈，缘②愁似个③长。
不知明镜里，何处得秋霜④。

注释：

①秋浦：唐时属池州郡。故址在今安徽省贵池西。②缘：因为。③个：如此，这般。④秋霜：形容头发白如秋霜。

5. 早发白帝城

〔唐〕李白

朝辞白帝彩云间，千里江陵一日还①。
两岸猿声啼不住，轻舟已过万重山。

注释：

①还：归，返回。

【议题解析】

数字是抽象的，可当数字巧妙地运用到诗歌中，其表达效果又是形象生动的。有的细腻，有的豪放；可表欢快之情，可表伤感之意；或夸张，或对比……不论是排列规范的"十字令""一字诗"，还是灵动的数字镶嵌诗，艺术表达效果均奇特精妙，令人回味。

同是"十字令"，《山村咏怀》这首诗通过列锦的表现手法把烟村、人家、亭台、鲜花等景象排列在一起，构成一幅田园风光图，并创造出一种淡雅的意境；而《咏雪》诗中，郑板桥仅仅对"雪"这一事物进行刻画，使人宛如置身于广袤天地、大雪纷飞之中。

《题秋江独钓图》这首诗描写了一个渔夫打扮的人在江上垂钓的情形：一件蓑衣、一顶斗笠、一叶轻舟、一支钓竿，垂钓者一面歌唱，一面饮酒，垂钓的潇洒被刻画得活灵活现。在教学中，应引导拓展，让学生诵读更多的经典"一字诗"，以更好地体味其节奏明快、朗朗上口的特点。

《秋浦歌十七首·其十五》《早发白帝城》都是李白的杂数诗。前诗将白发夸张成"三千丈"，一个白发苍苍的老者孤独地坐在明镜前，木然地看着自己满头白发的情景宛如就在眼前。后诗将"千里""一日"一对比,李白被流放夜郎,取道四川赶赴被贬谪的地方,行至白帝城,忽然收到赦免消息的惊喜与欢快之情跃然在数字间。

学生知道数字诗,但只是模糊地认知诗中含有数字。将"十字令""一字诗""杂数诗"等不同表现形式的数字诗组成群文,引导学生在求同比异中感受不同的韵律、不同的表现手法、不同的表达效果,才能深刻体悟到数字诗表情达意的精妙。

【教学目标】

(1)对比阅读,感受数字诗的基本特点及多样的表现方式。

(2)结合背景与注释,有感情地朗读,感悟数字在诗中的表达效果。

(3)在言语实践中感受数字诗的趣味。

【教学重难点】

感受数字诗特点,感悟数字表达效果。

【教学时间】

40分钟。

【教学过程】

课前故事,激发兴趣:微课展示伴乐诵读卓文君《两地书》,引导学生还原故事,初步感受数字诗的奇妙。

(一)读"十字令"《山村咏怀》,诵音韵之美

(1)揭示课题:这节课,我们就一起去探索数字诗的奥秘。

(2)单篇引领。

① 出示《山村咏怀》,指名读。

② 读这首诗时,你的眼前仿佛出现了一幅怎样的画面?

③ 诗中数字是大概的数目还是确切的数目?

④ 你觉得哪些数字用得妙?为什么?

预设:

距离并不远,人家并不多,亭台不少,花儿繁多……(恬静,对比之下显得亭多花繁……)

⑤ 教师小结,表格梳理。(表1)

表1

古诗	描写事物	所用数字	表达效果
《山村咏怀》	距离	二三里	淡雅画面 闲情逸致
	人家	四五家	
	亭台	六七座	
	花朵	八九十	

⑥齐读古诗,将山村美景刻在心里。

(3)对比阅读,发现特点。

①出示《咏雪》,指名朗读。

②读到此诗,你又仿佛看到怎样的画面?

③是哪些数字让你感受到这样的场景,其他数字是多余的吗?

④读出雪花纷飞的感觉:一组读第一行,一、二组读第二行,全体读后两行。

⑤自主填表2。

表2

古诗	描写事物	所用数字	表达效果
《咏雪》	雪花	一、二、三、四、五、六、七、八、九、十、千、万	大雪纷飞

⑥交流分享。

求同:两首诗有什么共同点?(数字,从一至十……"十字令")

比异:两首诗有什么不同点?(写几种事物与写一种事物,概数与确数,有的形容多,有的形容少,多了千、万……)

⑦男、女生赛读两首诗。

⑧师小结:"十字令",数字一般按从一至十或从十至一的顺序依次排列,形式工整,朗朗上口。

(二)读"一字诗"《题秋江独钓图》,体诗人情感

(1)出示《题秋江独钓图》,指名读,正音,再读。

(2)自主读诗,理解诗意。

(3)小组内质疑解疑,并说说自己体会到哪个数字的精妙之处。

（4）代表汇报。

（5）引读：

这似乎是一个衣着朴实的钓鱼人，读——一蓑一笠一扁舟。

这似乎是一个渔具简陋的钓鱼人，读——一丈丝纶一寸钩。

这似乎是一个潇洒自在的钓鱼人，读——一曲高歌一樽酒。

赏一江秋景，感一江秋色，钓的是鱼、是秋，更是生活的乐趣，读——一人独钓一江秋。

（6）这首数字诗有什么明显特征，你能给这类诗取名吗？（一字诗）

（7）补充阅读：《天童山中月夜独坐》《一字诗·咏四大美人——西施》等。

（8）教师小结：可见一字诗中的"一"可灵活、巧妙地运用到诗中，使诗歌形式别样、结构精巧，更是将诗人的情感巧妙地表现于节奏明快的诗行中。

（三）议杂数诗，悟表现形式

1. 认识杂数诗

（1）数字是不是只有"十字令"与"一字诗"？

（2）你还知道哪些含有数字的诗句？学生自由举例。

（3）像这些只含有一两个数字的诗，我们暂且称其为杂数诗。

2. 读《秋浦歌十七首·其十五》，悟夸张效果

（1）自由读诗，悟诗。

（2）指名读诗，说诗意。

（3）对此诗中的数字，你有什么要说的？

（4）预设及启发。

是呀，夸张白发何其长，实则写忧愁之长（忧愁之多）。

这白发像是什么呢？（秋霜，秋霜意冷，更令人伤感）

作者在伤感些什么呢？（一生的坎坷，一生的转折，人生短暂，而今垂垂老矣……）

（5）指导朗读。

是呀，胸中惆怅简直是无边无涯，永难诉清，读——白发三千丈，缘愁似个长。

（6）像这样用数字夸张的诗句还有很多。例如：

楼之高——危楼高百尺,手可摘星辰。

瀑布流水之高——飞流直下三千尺,疑是银河落九天。

黄河之长,华山之高——三万里河东入海,五千仞岳上摩天。

(7)师小结:这些诗句极尽夸张,体现了浪漫主义诗歌的艺术特征。

3. 读《早发白帝城》,悟对比效果

(1)出示《早发白帝城》,指名读。

(2)小组研学,填表3。

表3

古诗	描写主体	所用数量	手法	表达效果
《秋浦歌十七首·其十五》	白发	三千丈	夸张	无穷的忧愁
《早发白帝城》	距离	千里	对比	心情欢快
	时间	一日		

(3)小结:数字在诗中,有夸张、有对比,还有许多艺术表现形式,等待我们去品味。

(四)集体建构,形成共识

(1)回顾已读的几首数字诗,它们在形式上各有什么特征?

(2)你觉得数字诗有趣吗?为什么?

古诗中的遇与不遇

成都市沙堰小学　李　洋

适合年级：六年级

学习文本：

1. 寻隐者①不遇
〔唐〕贾岛

松下问童子②，言师采药去。
只在此山中，云深不知处。

注释：
①隐者：隐居在山林中的人。古代指不肯做官而隐居在山野之间的人。
②童子：指"隐者"的弟子、学生。

2. 游园不值①
〔宋〕叶绍翁

应怜②屐齿印苍苔，小扣③柴扉久不开。
春色满园关不住，一枝红杏出墙来。

注释：
①值：遇到。②应怜：大概是感到心疼吧。应，应该，表示猜测；怜，怜惜。③小扣：轻轻地敲门。扣，指敲门。

3. 江雪
〔唐〕柳宗元

千山鸟飞绝①，万径②人踪灭。

孤舟蓑笠③翁，独钓寒江雪。

注释：

①绝：尽，无，没有。②万径：指千万条路。径，小路。③蓑：古代用来防雨的用棕、麻等编织的衣服；笠：古代用来防雨的帽子，用竹篾编成。

4. 诉衷情·当年万里觅封侯
〔宋〕陆游

当年万里觅封侯①，匹马戍梁州。关河②梦断③何处？尘暗旧貂裘④。

胡未灭，鬓先秋，泪空流。此生谁料，心在天山，身老沧洲⑤。

注释：

①万里觅封侯：奔赴万里外的疆场，寻找建功立业的机会。②关河：关塞、河流。一说指潼关黄河所在。此处泛指汉中前线险要的地方。③梦断：梦醒。④尘暗旧貂裘：貂皮裘上落满灰尘，颜色为之暗淡。这里借用苏秦典故，说自己不受重用，未能施展抱负。⑤沧洲：靠近水的地方。这里指诗人位于镜湖之滨的家乡。

【议题解析】

古人常用诗词表达怀才不遇之情，"寻隐不遇"诗，是窥探古代诗人们追求自由人生和诗意生活的窗口。这一组诗都有不遇，《寻隐者不遇》《游园不值》中的不遇，诗人寻而不遇，不遇的是人。诗中所包含情感虽各有差异，但又有一个共同点——由不遇到终有所遇的多情、豁达、乐观。而《江雪》《诉衷情·当年万里觅封侯》这两首诗词中的不遇，则是怀才不遇，但诗人所体现的情感却不一样。柳宗元怀才不遇，遭遇险恶的环境压迫，却并没有被压垮，保持自我。而陆游怀才不遇，被弹劾罢官后，退隐山阴故居长达十二年之久。

通过说不遇、谈心情、抓意象、成画面，寻因入景探情，理解意象与诗人情感的联系，感知古代文人善于以景写人、寄情于景、寄情于物，景语达情语，景物成了诗人们传情达意的媒介。同时，诗人寻而不遇，从不遇到有所遇，一方面是诗人善于观察发现，另一方面与诗人的经历、境遇有关，正所谓不同的际遇编写不同的心境。

学生通过对几首古诗词的对比阅读，能够更清晰地认识诗人性格、情怀、诗歌艺术和传统文化风貌；感受诗人的求道之路，寻而不遇、不遇中有所遇，进而感受古代文人的诗意情怀。

【教学目标】

（1）诵读一组古诗词，在理解诗意的基础上，体会诗词表达的情感。

（2）引导学生发现诗人遇或不遇的是什么。

（3）感悟诗人遇或不遇的心境，并在"比对读议"中结构化地理解景物与诗人情感的关联。

【教学重点】

引导学生发现诗人遇或不遇的是什么，体会诗词表达的情感。

【教学难点】

感悟诗人遇或不遇的心境，并在"比、对、读、议"中结构化地理解景物与诗人情感的关联。

【教学准备】

教师：古诗材料，PPT。

学生：查找贾岛、柳宗元、叶绍翁、陆游的相关生平资料。

【教学时间】

40~60分钟。

【教学过程】

（一）从"寻"字说起，揭示课题

（1）（出示"寻"字）同学们，由"寻"字，你会想到哪些词？

（2）当我们寻找、追寻、寻访而不得、不遇时，会有怎样的心情？

（3）我们一起去看看古代文人是如何面对寻而不遇的吧。

（二）学习《寻隐者不遇》，习得学法

1. 读通读顺

（1）指名读诗。

（2）理解诗意：结合注释和译文，试着用自己的话说说诗句意思。

（3）齐读古诗。

2. 说不遇，谈心情

（1）诗中不遇的是什么？找找相关句子。

（2）指名回答。

（3）通过学习，我们知道第一句是诗人的问，后三句是童子的答。后三句的每一句答，都暗含着诗人的问，尝试和同桌一起问答。

（4）指名展示。

（5）专程寻访隐者，却寻而不遇，结合资料说说诗人不遇的心情。

师总结："松下问童子"，心情愉快，满怀希望；"言师采药去"，答非所想，坠为失望；"只在此山中"，在失望中又萌生了一线希望；直至最后一答："云深不知处"，就惘然若失，无可奈何了。

3. 抓意象，成画面

（1）读古诗，找出诗中所写的景物。

（2）结合诗句，说说你仿佛看到了怎样的画面。

（3）诗人写这些景物的用意何在？

师总结：郁郁青松，悠悠白云，这青与白，这松与云，它们的形象与色调恰和云山深处的隐者身份相符。白云显其高洁，苍松赞其风骨。

风景具有与隐者身份相吻合的特征。我们不难看出诗中的青松、白云所要衬托的人物形象便是云游的隐者和寻隐的诗人，或者说"风景"在某种意义上就是"人物"。

4. 统整关联

通过这首诗中的"遇"与"不遇"，你有什么发现？

（1）小组合作完成学习单。（表1）

表1

内容	不遇	遇	情感
《寻隐者不遇》			

（2）分享交流。

5. 小结

诗人寻而不遇，虽不见隐者，却遇苍松、白云，以白云比隐者高洁，以苍松喻隐者风骨，写寻访不遇，表达出寻者对隐者的钦慕高仰之情，以及自己对隐者悠闲生活的向往。

再读古诗。

（三）寻因入景探情

小组共学《游园不值》《江雪》。

（1）明白要求。

自学提示：

① 自读古诗，借助注释、译文理解诗意。

② 填写学习单。

③ 想想诗人"遇"与"不遇"及所表达的情感。（表2）

表2

篇目	不遇	遇	情感
《游园不值》			
《江雪》			

（2）学生自学，填写学习单。

（3）分享交流。

① 小组内分享，修改、补充学习单。

② 全班交流《游园不值》。

结合学习单，说说根据这首诗中的"遇"与"不遇"，你有什么发现。

诗人寻而不遇，由失望遗憾到从一枝红杏见满园春色的意外惊喜，什么原因影响了这个变化？

再读古诗。

③ 全班交流《江雪》。

结合学习单，说说根据这首诗中的"遇"与"不遇"，你有什么发现。

诗人最后感慨"孤舟蓑笠翁，独钓寒江雪"，勾画独钓寒江的渔翁形象，意指何处？

④ 齐读诗歌。

（4）再次统整。

同学们，探究完三首诗，你发现它们有什么相同和不同。（表3）

表3

篇目	不遇	遇	情感
《寻隐者不遇》	隐者	苍松、白云（幽静之景）	
《游园不值》	院子里的花木、院子主人	苍苔、红杏（满园春色）	
《江雪》	理想抱负未实现（怀才不遇）		

师小结：

看来古代文人都善以景写人、寄情于景、寄情于物，景物成了诗人们传情达意的媒介。（板书：景语达情语）

诗人寻而不遇，从不遇到有所遇，一方面是诗人善于观察发现，另一方面与诗人的经历、境遇有关，正所谓不同际遇编写不同心境。（板书：际遇成心境）

（5）阅读《诉衷情·当年万里觅封侯》。

自学提示：

① 请结合注释，理解内容。

② 词中的不遇是什么？和前几首诗有什么不同？

③ 对比后两首诗词，它们有什么不同？

（都是怀才不遇，但诗人所体现的情感却不一样。柳宗元怀才不遇，遭遇险恶的环境压迫，却并没有被压垮，保持自我。而陆游怀才不遇，被弹劾罢官后，退隐山阴故居长达十二年之久。）

④ 师小结。

前两首诗不遇的是人。诗中包含的情感虽各有差异，但又有一个共同点——由不遇到终有所遇的豁达、乐观。后两首是怀才不遇，对自己梦想不能成真、无法实现理想抱负的悲叹。

（6）联系生活。

生活中我们也会遇到各种困难，当你遇到困难、挫折时，你是怎么面对的呢？

（7）师总结。

古诗中的田园生活

四川省泸州师范附属小学城西学校　叶　敏

适合年级：六年级

学习文本：

1. 归园田居·其三
〔魏晋〕陶渊明

种豆南山①下，草盛豆苗稀。
晨兴②理荒秽③，带月荷锄④归。
道狭⑤草木长⑥，夕露⑦沾⑧我衣。
衣沾不足⑨惜，但使愿无违⑩。

注释：

①南山：指庐山。②兴：起床。③荒秽：形容词作名词，荒芜，指豆苗里的杂草。秽（huì），肮脏。这里指田中杂草。④荷锄：扛着锄头。荷，扛着。⑤狭：狭窄。⑥草木长：草木丛生。长，生长。⑦夕露：傍晚的露水。⑧沾：（露水）打湿。⑨足：值得。⑩但使愿无违：只要不违背自己的意愿就行了。但，只。愿，指向往田园生活，"不为五斗米折腰"、不愿与世俗同流合污的意愿。违，违背。

2. 田园乐七首·其六
〔唐〕王维

桃红复含宿雨①，柳绿更带朝烟②。
花落家童③未扫，莺啼山客④犹眠⑤。

注释：

①宿雨（xiǔ yǔ）：昨夜下的雨。②朝烟：指清晨的雾气。③家童：童仆。④山客：隐居山庄的人，这里指诗人自己。⑤犹眠：还在睡眠。

3. 书湖阴先生①壁
〔宋〕王安石

茅檐②长扫净无苔③，花木成畦④手自栽。
一水护田⑤将绿绕，两山排闼送青来⑥。

注释：

①书：书写，题诗。湖阴先生：本名杨德逢，隐居之士，是王安石晚年居住金陵（今江苏南京）紫金山时的邻居。②茅檐：茅屋檐下，这里指庭院。③无苔：没有青苔。④成畦（qí）：成垄成行。畦，经过修整的一块块田地。⑤护田：这里指护卫环绕着园田。语出《汉书·西域传序》："自敦煌西至盐泽，往往起亭，而轮台、渠犁，皆有田卒数百人，置使者校尉领护。"⑥排闼（tà）：开门。语出《汉书·樊哙传》："高帝尝病，恶见人，卧禁中，诏户者无得入群臣。哙乃排闼直入。"闼，小门。送青来：送来绿色。

4. 插秧歌
〔宋〕郑樵

漠漠兮水田，袅袅兮轻烟。
布谷啼兮人比肩，纵横兮陌阡①。

注释：

①陌阡（mò qiān）：指田野中纵横交错的小路和沟壑。

【议题解析】

田园诗是一种歌颂田园生活的诗歌，大多以农村的景物和农民、牧人、渔父、樵夫等人物的劳动为题材。田园诗的主要特点就是"一切景语皆情语"，即作者笔下的田园风光都融入了作者的主观情愫，或借景抒情，或情景交融。在学习田园诗时，我们通过不一样的诵读体味诗歌的意境，把握诗中描写的景物、生活画面、情境氛围，了解诗中的情感。

带着学生读田园诗，课堂上朗读声此起彼伏，轻柔曼妙，老师和学生能在不一样的意境中产生共鸣，进行情感的交流、智慧的碰撞。在群文阅读中一起邂逅田园诗，既能系统归纳，亦能激趣。

开篇引路，启迪智慧。陶渊明是田园诗的鼻祖，以他的诗作为教学重点引入，既能让学生感受田园诗带来的快乐体验，也能让学生体味诗人不一样的心境，诗中有画，画中有诗，诗中有情，情中有韵。《归园田居·其三》是陶渊明的经典诗作之一，从表面上看，这首诗写的是田园劳作之乐，表现的是归隐山林的遁世思想；但把这首诗和其他的诗对比来看，作者的"愿"其实有特殊的内涵。作者虽志在田园，但初归时的劳动效果不大理想，庄稼长得不好，豆苗还没有草多。但是诗人不怕苦，不怕庄稼长不好，仍然乐在其中。这自然平淡的诗句融入全诗醇美的意境之中，则使口语上升为诗句，使口语的平淡和诗意的醇美和谐地统一起来，形成陶诗平淡醇美的艺术特色。

精选群诗，凸显特色。给学生选择精美的诗歌，才能真正实现一石激起千层浪的内心共鸣。群文阅读选文在于异质，因此在选择的时候我们要尝试从不同的体裁选择不一样的古诗。王维的《田园乐七首·其六》、王安石的《书湖阴先生壁》、郑樵的《插秧歌》都是不一样的田园诗，诵读，吟唱，都别有一番滋味。教师应鼓励学生分析几首诗的异同，引导他们在交流中有自己的收获，有自己的见解，这样才能有自己的情感。

群文中的田园诗，只是开启学生诵读田园诗的开端，抛砖引玉，继续学习才是目的，用一节课激起学生学习的兴趣，这才是群文的魅力！

【教学目标】

（1）学生阅读一组田园诗，感受诗中描绘的朴实的田园风光和恬静的田园生活，体会诗中所寄寓的诗人的真挚情感。

（2）简单了解田园诗的表达技巧。

（3）在诵读中感受中国经典田园诗歌美的熏陶。

【教学重点】

学生阅读一组田园诗，感受诗中描绘的朴实的田园风光和恬静的田园生活，体会诗中所寄寓的诗人的真挚情感。

【教学难点】

了解田园诗的表达技巧，在诵读中感受中国经典田园诗歌美的熏陶。

【教学时间】

40分钟。

【教学过程】

（一）谈田园印象

（1）师：同学们，读到"田园"这个词你会想到什么样的画面？（生交流：想到山水风光、农民插秧、儿童放牛羊……）

（2）（伴乐配图介绍）是呀，远离城市的喧嚣，独居一座小院，欣赏绚烂多彩的鲜花，置身层林尽染的山野，独享依山傍水的美景，一杯茶，一种悠然，一份宁静。这是多么惬意的田园生活！

（3）吟诵田园诗。（PPT显示"田园"）

师："田园"是一个安静的词，它会带给我们许多美好的遐想。古时候，很多诗人也都非常向往田园生活。朴实的田园风光，恬静的田园生活，在诗人的笔下变成了一首首清新雅致的田园诗，咱们一起来回顾曾经学过的这三首古诗词——《乡村四月》《四时田园杂兴》《渔歌子》。（齐读）

（4）导入群诗

师：这节课我们将走进一组田园诗，去感受诗中朴实的田园风光，恬静的田园生活。跟着群文读古诗，走进古诗中的田园生活。（板书课题）

（二）学习《归园田居·其三》

（1）师：说起田园诗，我们总会想起一个人，他就是陶渊明，田园诗的鼻祖。请看阅读资料单，谁来介绍陶渊明？（陶渊明出生在一个衰落的世家，为养家小，他不得不仕为官。他天性质朴，淳厚善良，看不惯官场的腐败、士大夫的虚伪，所以时隐时仕。他在四十一岁时任彭泽令，因不愿为五斗米向乡里小人折腰，而解绶归田。归来后的陶渊明"开荒南野际，守拙归园田"。）（生介绍）

（2）我们将读的这首诗写于他归隐后的第二年。

请同学们翻开阅读单，自由读诗，多读几遍，争取把诗读正确，读通顺，读出节奏，最好读出自己的味道。

（3）抽生读。（关注字音、节奏）

（4）说说这首诗给你留下怎样的印象。（生交流）

师：同学们，我们读古诗，不仅要读正确，读通顺，读出节奏，还要注意切切实实体会诗中的情绪、感觉。

（5）明诗意。对于同一首诗，我们的关注点不一样，读后的感觉也不一样。请同学们带着你的感觉再读这首诗，结合注释，弄明白诗的大概意思。

（6）（生交流）你看到了怎样的田园生活画面？（诗人清晨去地里清除杂草，到了宁静的月夜才扛着锄头，悠闲地走在回家的山路上，尽管山路狭窄、杂草丛生、露水沾衣，但诗人的心情依旧很好。）

如果给这幅画取一个名字，你会取一个什么名字？（月夜荷锄归耕图）（板书：画美）

（7）读中悟诗情。

① 师：归来后的陶渊明，把身心都交给了田园，"开荒南野际，守拙归园田"，他真的不善耕种，于是——种豆南山下，草盛豆苗稀。

在陶渊明看来，草盛苗稀也没关系，那就去除草吧，于是——晨兴理荒秽，带月荷锄归。

晨曦出门，不知不觉，月亮已爬上天空，那就踏上回家的路吧，读——道狭草木长，夕露沾我衣。

山路狭窄，杂草丛生，湿露沾衣，这都不足惜，读——衣沾不足惜，但使愿无违。

② 衣沾不足惜，但使愿无违。这究竟是怎样的心愿？（PPT显示"愿"）

生交流。（是喜爱田园，享受田园生活带给心灵的那份悠闲、安宁，决心终生归隐，躬耕田园的心愿。）

（8）（伴乐）让我们带着这份悠闲、安宁跟随陶渊明再次走进他的田园，读古诗。

（9）读到这儿，你觉得诗的语言怎样？（生：浅近、质朴、平淡、自然）

师：的确，陶渊明的诗让你感到惊艳，他的诗散淡而舒缓，用最自然的语言，描写最自然的田园生活，书写出心中最真的情感。（情真、宁静）

（10）小结：在这首诗中，种豆南山，明月相伴，诗人独自一人走在杂草丛生的山间小路上，悠然自得。让我们再次读出这份悠闲与宁静。

（11）回顾学习方法。（画思维导图，了解学习古诗的方法。）

（三）自主阅读三首古诗

谈话引入：继陶渊明赋予田园以诗意后，很多诗人也开始书写田园生活，并且创作出很多优秀的诗篇。接下来，我们读下面三首田园诗，就由同学们自主学习完成。

自主阅读温馨提示：

（1）自由阅读三首古诗，读正确，读通顺，读出节奏，注意读诗时的感受，并结合注释，理解诗的大概意思。

（2）想画面，看看诗中描述了怎样的田园风光和田园生活。

（3）悟诗情，仔细体会诗中所寄寓的作者的情感。

（4）用一些关键词记录下自己的阅读体验，完成学习表格。

（5）分享比较诗歌的异同。

（四）分享时刻

1. 出示学习表格

诗中描述了怎样的田园风光和田园生活？诗中寄寓了作者怎样的情感？

（下面我们来分享大家的读诗收获，友情提醒，同学在分享时，请认真聆听，如有不同看法，请补充。）

《田园乐七首·其六》：好一个雨后清新的早晨，粉红的桃花略带昨夜的雨滴，弥散淡淡花香，使人心醉；碧绿的柳丝笼在若有若无的水烟之中，更加袅娜迷人。因昨夜风雨，落花满地的小院，别有一番清幽的情趣；莺啼声声也没能叫醒山客，山客犹自酣睡。（诗人在田园生活中得到心灵宁静的那种快乐）

《书湖阴先生壁》：湖阴先生家的小院，洁静清幽，花木成畦，院前一条小河环绕着葱绿的农田，两座山青翠欲滴。（诗人热情赞扬湖阴先生的朴实勤劳、高洁人品；诗人徜徉山水，感到山水有情的乐趣。）

《插秧歌》：广阔的水田之上，泛着袅袅轻烟，人们正忙着插秧，不时传来布谷鸟的声声啼叫。（对勤劳的劳动人民的热情歌颂）

2. 这四首诗中，你最喜欢哪一首或哪一句（生自由交流）

师：同学们，你们真会读书，不但读懂了诗意，读出了画面，还悟出了诗中情感。接下来，我们继续分享，这四首诗中，你最喜欢哪一首或哪一句？说说你的感受。

（五）比较整合

1. 小组讨论：这四首田园诗有何异同

（现在让我们再次聚焦这四首诗，四首都是田园诗，它们之间有何异同呢？先自己思考2分钟。）

（带上你的思考进行小组讨论交流。交流之前，请仔细阅读小组合作友情提示，好，组长带领，开始吧。）

2. 小组合作友情提示

（1）四人为一学习小组，组长带领，大家充分发表自己的看法，遇到意见不同时，请展开讨论，集小组智慧，争取达成统一。

（2）组员分享时，请认真聆听，懂得尊重，善于吸取，成长自己。

（3）小组记录员请认真记录。

（4）小组汇报员代表小组全班交流。

3. 全班交流

不同之处：

（1）作者不同。

（2）体裁不同，有古体诗，有绝句，有民歌。

（3）诗歌每句的字数不同，有五言，有六言，有七言。

（4）每首诗所描写的田园生活画面不一样

（5）诗歌表达的情感不一样。

相同之处：

（1）每首诗都像是一幅田园风景画，画面都很清新、自然、唯美。（板书：画美）

（2）读着诗歌，我们能感受到诗人心中那份最真的感情，或悠闲，或恬淡，或安宁，或是对田园生活深深的喜爱，或是对劳动人民热情的赞扬。（板书：情真）

（3）读着这样的诗，我们的心灵也变得悠闲、宁静。（板书：宁静）

4. 伴乐引读

师：同学们，让我们再次走进诗歌中的田园，让我们的心灵跟随作者来一次诗意的回归。

让我们来到洒满皎洁月光的南山，陪伴陶渊明荷锄归家。（读《归园田居·其三》）

昨夜风雨，落花满地，多么清幽的早晨，听，莺啼声声，看，山客犹眠。（读《田园乐七首·其六》）

让我们再次走进这座整洁幽静、花木成畦的农家小院，再看一眼那条深情的小河，那两座多情的山峰。（读《书湖阴先生壁》）

乡村四月闲人少，看那纵横阡陌间，漠漠水田上，勤劳的人们，正肩并肩，挥动着手臂，谱写着一曲快乐的插秧歌。（读《插秧歌》）

（六）拓展激趣

同学们，是不是所有古诗中的田园生活都带给我们清新、宁静、悠闲的感觉呢？课后，走进更多的田园诗，你一定能找到答案。（推荐更多的田园诗歌）

古诗词中的元宵节

成都市新都区大丰街道办事处中心小学　陈　英

适合年级：六年级

学习文本：

1. 正月十五夜灯

〔唐〕张祜

千门①开锁万灯明，正月中旬动帝京。
三百内人②连袖舞，一时天上著③词声。

注释：

①千门：形容宫殿群建筑宏伟，众多，千门万户。②内人：宫中歌舞艺妓。③著：同"着"。此句形容歌声高唱入云，又兼喻歌乐声悦耳动听，宛若仙乐下凡。

2. 京都①元夕

〔金〕元好问

袨服②华妆③着处④逢，六街灯火闹⑤儿童。
长衫⑥我亦何为⑦者，也在游人笑语中。

注释：

①京都：指汴京，今属河南开封。②袨（xuàn）服：盛服，艳服，即漂亮的衣服。③华妆：华贵的妆容。④着处：到处。⑤闹：玩耍、嬉闹。⑥长衫：读书人多穿着长衫。⑦何为：为何，做什么。

3. 生查子·元夕
〔宋〕欧阳修

去年元夜时，花市①灯如昼②。月到柳梢头，人约黄昏后。

今年元夜时，月与灯依旧。不见去年人，泪湿春衫③袖。

注释：

①花市：民俗每年春时举行的卖花、赏花的集市。②灯如昼：灯火亮得像白天一样。③春衫：年少时穿的衣服，也指代年轻时的自己。

4. 青玉案·元夕
〔宋〕辛弃疾

东风夜放花千树，更吹落、星如雨。宝马雕车香满路。凤箫声动，壶光转，一夜鱼龙舞。

蛾儿雪柳黄金缕，笑语盈盈暗香去。众里寻他千百度，蓦然回首，那人却在，灯火阑珊处。

【议题解析】

每年农历的正月十五是中国的传统节日——元宵节，也称为上元节、元夕，在这一天人们吃元宵、赏花灯、猜灯谜等。这组古诗词都是写元宵节所见，却表达了作者不同的情感。《正月十五夜灯》描写唐宫内万灯齐明、舞衲联翩、歌声入云、场面壮观、气象恢宏的元宵节，表达作者乐在其中的心情。《京都元夕》写京都元夕的热闹场面，却用"长衫"和"袨服华妆"做对比，一个隐晦的发问，表现了诗人对此时金朝的偏安处境的嘲讽，也表达出对繁华背后危机的担忧，用乐景抒哀愤之情。《生查子·元夕》写出了情人的美丽和当日相恋时的温馨甜蜜，又写出了今日不见伊人的怅惘和忧伤。物是人非的怅惘，今昔对比的凄凉，美景也变为伤感之景。《青玉案·元夕》写正月十五的晚上满城灯火、尽情狂欢的景象。但是当时，强敌压境、国势日衰，而南宋统治阶级却沉湎于歌舞享乐，以粉饰太平。洞察形势的辛弃疾，欲补天穹，却恨无路请缨。他的满腔激情、怨恨交织成了这幅元夕求索图。全词主要运用了反衬的表现手法，表达出作者不与世俗同流合污的追求。

由《正月十五夜灯》这一"1"的共同探究，过渡到《京都元夕》

《生查子·元夕》《青玉案·元夕》等"X"的自主探究和交流分享，在引导学生将所习得的学法进行实践的同时，进一步印证前诗所发现的"景""人""情""法"间关联的规律。充分研究、汇报、品读、感悟之后，在四首诗的统整中发现，四首诗虽然都是写元宵节的，所写的景物也有很多相同的地方，但不同诗词中，诗人表现的"人""情""法"有所不同，以此理解诗中元宵节丰富多元的情感表达。在此基础上，求同比异，感受"元宵节"除了寄托个人悲喜，也能承载家国情怀的宏大精神内涵与主题。这样，一步一步，由单篇到群文，以"元宵节"为媒，伴随着对"诗词"的理解、对"情"的感悟，通过"比对""研究""欣赏"等，学生思维能力也得到提升。

【教学目标】

（1）诵读一组古诗词，在理解诗意的基础上，体会诗词表达的情感。

（2）引导学生发现诗人如何描绘元宵节的场景，并在"比、对、读、议"中结构化地理解诗中元宵节"情""景"之间的关联。

【教学重点】

诵读一组古诗词，在理解诗意的基础上，体会诗词表达的情感。

【教学难点】

引导学生发现诗人如何描绘元宵节的场景，并在"比、对、读、议"中结构化地理解诗词中元宵节"情""景"之间的关联。

【教学时间】

40~60分钟。

【教学过程】

（一）图片导入，揭示课题

（1）同学们，老师给你们带来了一组图片。猜猜看，这是我国的什么节日？怎么看出来的？

（2）你知道元宵节具体是哪一天吗？

（3）谁来说说我国元宵节有哪些风俗？

（4）我们来看看这些古诗词描绘了元宵节怎样的场景，表达了怎样的情感。

齐读课题。（板书：古诗词中的元宵节）

（二）从诗词中的"景"入手，体会诗人所表达的情感，习得学法

1. 明诗意

大家之前已对四首古诗词进行了预习，我们先来看看其中的这首古诗（出示《正月十五夜灯》请一个学生来朗读，并正音，再齐读）。

诗读正确了，意思知道吗？请结合注释和译文，试着用自己的话说说诗句的意思。

请一名学生说一说诗句意思。

2. 寻诗景和人

边读边想象诗中写了哪些景、哪些人，找找相关的语句、词语。（万灯明、内人）

从这些景与人中你读出了什么呢？（很多灯亮着，很多宫女在跳舞）

那你觉得作者主要想表达什么呢？（元宵节大家都去赏灯，歌舞声很大。这是写元宵节大家赏灯的习俗和元宵节的热闹。）

读出这种热闹来，齐读。

3. 悟诗情

假如身处如此样热闹的元宵节，你会感觉怎么样呢？（板书：很幸福、很快乐）

那你觉得诗人想表达什么样的情感呢？（板书：幸福、快乐）

请学生把理解到的情感通过诵读表现出来。（自由练读，女生读，男生读）

4. 思诗法

想一想：在这首关于元宵节的诗中，诗人是怎么把自己的快乐、幸福通过景物表达出来的？（运用了夸张手法）

5. 统学法

我们刚才用了哪些方法来学习这首古诗呢？（请学生回忆，并出示表格）（表1）

表1

题目	寻诗景和人	悟诗情	思诗法
《正月十五夜灯》	万灯明、内人	快乐、幸福	夸张

请大家想想这首诗中的景、人、情之间有什么联系。

以万家灯火通明、人们喜笑颜开迎元宵，表达诗人的快乐，这叫作"乐景乐情"。（板书：乐景乐情）

设计意图：聚焦于"1"，即《正月十五夜灯》，在读通、读顺、读懂的基础上，通过寻找诗景和人这一环节，自然地引导学生由语言层面走进诗人想要着重表达的情感，思考诗人是如何表现自己的情感和"景"与"人"之间的联系的，即运用了夸张的手法和"乐景乐情"的写法的结论。

（三）学法迁移：用相同的方法读不同的元宵节诗词，体会作者不同的情感

1. 明白要求

这样来读古诗词，能有更多的发现。

用同样的方法读读另外两首诗，一组学生探究《京都元夕》，另一组学生探究《生查子·元夕》。

开始之前，请一名学生来读一读自学提示：①自读古诗词，借助注释、译文理解诗意；②填写学习卡；③想想诗人写的景、人和所要表达的情感有什么关联。（表2）

表2

题目	寻诗（词）景和人	悟诗（词）情	思诗（词）法
《正月十五夜灯》	万灯明、内人	快乐、幸福	夸张
《京都元夕》			
《生查子·元夕》			

2. 学生自学

学生独立阅读思考，完成学习卡的填写。

3. 分享交流

（1）小组内分享一下，说不定你会受到启发，进一步修改你的批注。

（2）全班交流《京都元夕》。（板书：愤）

想想诗人写的"景""人""情"有什么关联。

在如此热闹的元宵节，众人都穿着华服，唯有诗人穿着长衫，由此你读出这是什么景、什么情了吗？（板书：乐景哀情）

假如你置身于元宵节晚上热闹非凡的街上，请你以诗人的身份再朗读一下这首诗歌。

（3）全班交流《生查子·元夕》。（板书：悲）

想想诗人写的"景""人""情"有什么关联。

汇报。（板书：乐景哀情）

女生读一读这首词，能读出诗人的思念之情吗？

男生读一读这首词，能读出诗人的难过悲伤吗？

4. 再次统整

梳理三首诗词的探索成果，以表格（表3）形式呈现：同学们，探究完了三首诗词，有没有什么新的发现？

表3

题目	寻诗（词）景和人	悟诗（词）情	思诗（词）法
《正月十五夜灯》	万灯明、内人	快乐、幸福	夸张
《京都元夕》	灯火、儿童、我	快乐、愤懑	对比
《生查子·元夕》	灯、花、月、柳、去年人	思念、伤心	对比

想想景、人、情、法之间的关系。

（三首诗词的景都是"乐景"，但是三首诗词中的"人"却不同，因此表达的"情"也不同，为了表现这种情感，所运用的手法也不同）

5. 补充阅读（出示《青玉案·元夕》）

还有一首词，来，一起读读。

这首词中的景、人、情、法又是什么呢？看一看它和前面几首诗词有什么不同。（表4）

表4

题目	寻诗（词）景和人	悟诗（词）情	思诗（词）法
《正月十五夜灯》	万灯明、内人	快乐、幸福	夸张
《京都元夕》	灯火、儿童、我	快乐、愤懑	对比
《生查子·元夕》	灯、花、月、柳、去年人	思念、伤心	对比
《青玉案·元夕》			

请在学习小组内交流一下你的发现，再全班交流。（表5）（板书：忧）

表5

题目	寻诗（词）景和人	悟诗（词）情	思诗（词）法
《正月十五夜灯》	万灯明、内人	快乐、幸福	夸张
《京都元夕》	灯火、儿童、我	快乐、愤懑	对比
《生查子·元夕》	灯、花、月、柳、去年人	思念、伤心	对比
《青玉案·元夕》	花灯、焰火、马车、凤箫、明月、那人	悲喜、担忧	反衬、对比

小结：是呀，前面三首元宵节诗词中所包含的情感虽各有差异，但又有一个共同点——都是个人在特定时代经历中的情感，而《青玉案·元夕》之情，则超越了个人悲喜，表达的是诗人对家国危亡的担忧、不与世俗同流合污的追求。（板书：乐景哀情）

老师和同学们一起合作朗读，感受这不与世俗同流合污的追求吧！

总结：看来，元宵节的情感表达和诗人当时的经历有关，虽然都会写一些元宵节的热闹场景，但是所表达的情感是完全不同的，所使用的表现手法也是不同的。

（四）关联元宵节诗词，感悟情怀

1. 思考：元宵节诗词只是为了写元宵节的风俗与热闹吗？

中国的元宵节已不只是一个简单的传统节日了，更是一种文化的象征，它寄托了情感，也催化了情感。

是呀，不同的际遇、不同的个性、不同的社会环境决定了诗人在写元宵节时情感的不同。同样写元宵节的热闹，因为不同的情感，读出的滋味也不一样。（板书：聚焦元宵节，品味情感）

2. 诵读感悟

元宵节歌舞升平，声响云霄，处处洋溢快乐幸福。读——三百内人连袖舞，一时天上著词声。

处处都是身着华服的人，却突然看到了一位身着长衫的读书人，他向我们走来了！读——长衫我亦何为者，也在游人笑语中。

还是那元宵夜，灯和月依旧，可是却没有了去年的人。读——今年元夜时，月与灯依旧。不见去年人，泪湿春衫袖。

元宵节的夜晚，诗人苦苦寻找那个和自己一样的人。找到了！读——众里寻他千百度。蓦然回首，那人却在，灯火阑珊处。

3. 结课升华

写元宵节的诗词还有很多。当元宵节遇到无数情感丰富的诗人，便生发出了一篇又一篇千古传诵的名篇佳作。这些佳作又反过来促使这一传统佳节更有文化气质，影响着一代又一代的文人。这便是中国古代文人的"元宵节"情怀。

古诗中的节气

成都市新都区旃檀小学　周　洁

适合年级：四年级

学习文本：

1. 观田家（节选）
〔唐〕韦应物

微雨众卉①新，一雷惊蛰始。
田家②几日闲，耕种从此起。

注释：
①卉（huì）：草的总称。②田家：农民。

2. 京中正月七日立春
〔唐〕罗隐

一二三四五六七，万木生芽是今日。
远山归雁拂云飞，近水游鱼迸①冰出。

注释：
①迸：向外溅。

3. 客中①初夏
〔宋〕司马光

四月清和②雨乍晴，南山当户③转分明。
更无柳絮因风起，惟有④葵花向日倾。

注释：

①客中：旅居他乡作客。②清和：天气清明而暖和。③南山当户：正对门的南山。④惟有：仅有，只有。

4. 月夜忆舍弟①（节选）

〔唐〕杜甫

戍鼓②断人行，边秋一雁③声。

露从今夜白，月是故乡明。

注释：

①舍弟：家弟，谦称自己的弟弟。②戍鼓：戍楼上的更鼓。③一雁：孤雁，比喻兄弟分散。

【议题解析】

此次教学设计的议题是"古诗中的节气"，即通过品味古诗中的情景来体会节气文化与诗歌感情，因而所选取的四首古诗分别写的是惊蛰、立春、立夏、白露四个节气。诗歌通过节气中特有的景物或农事活动来体现节气的特点与文化特质，通过借景抒情的手法表现不同节气里、不同环境下诗人的不同情感。教学中通过朗读、想象画面、品悟等学习方法，并借助表格、思维导图等工具让学生明白不同节气情景所传递的节气文化。教学中所采用的群文文本学习结构是"1+X"的方式：师生共学第一首诗，理清楚诗中景物与节气的关系，感悟诗人感情，然后学生进行小组合作学习，课堂上采用群文共享的方式对另外三首诗进行学习；最后进行对比阅读、拓展延伸阅读，达到对一系列节气诗的结构化理解。在学习的过程中读懂诗、了解节气文化是重要的两个部分，学生的积累有限，所以课前要进行资料搜集，提前了解二十四节气，这样会对知识联结，也有利于更深入地理解诗歌情景及诗人情感。

【教学目标】

（1）诵读一组古诗，了解古诗中的节气。

（2）利用思维导图在"比、对、读、议"中结构化地理解节气与诗中情景之间的关联。

（3）激发学生了解节气文化的兴趣，让学生感受古诗之美。

【教学重难点】

了解诗中节气，观察思维导图，理解节气与诗中情景之间的关联。

【教学时间】

50分钟。

【教学过程】

（一）节气歌

同学们，还记得上学期学的节气歌吗？一起唱！

（1）《二十四节气之歌》："春雨惊春清谷天，夏满芒夏暑相连。秋处露秋寒霜降，冬雪雪冬小大寒……"

（2）二十四节气不仅藏在歌里，还画在了画里，看看大家都画了什么节气。（PPT展示学生的节气思维导图）

（3）这节课我们要进行全新的挑战了，——用思维导图来学习节气古诗。

设计意图：由歌导入，让学生快速回顾二十四节气；同时展示学生的节气思维导图，将节气文化与节气诗联系在一起。

（二）节气诗

（1）读通读顺（出示四首诗）：用你们喜欢的方式读诗歌，注意读准字音。（可个人读、同桌读、小组读、男生读、女生读、全班读）

我们一起学习第一首诗《观田家》（节选）。

（2）指名读《观田家》（节选）。

① 这首诗写的是哪个节气？你是从哪句诗看出来的？

② 诗人写了惊蛰时的哪些景象？（雨后花儿开放、春雷声起、农家耕种）（板书：春来农耕图）

③ 三月的第一个节气就是惊蛰，你有没有在生活中看到过类似诗中的这些情景呢？（惊蛰后万物复苏，小草发芽，油菜花开……）

④ 在这样一个节气里，大自然最有标志性的变化是什么呢？我们通过一段视频了解一下。（播放惊蛰的短视频介绍）

⑤ 看了视频，谁告诉我这个节气为什么叫"惊蛰"？（春雷惊醒了蛰伏在地下的小动物们，农民们也要开始忙碌了，诗中正是这样的情景）

⑥ 惊蛰起，万物生。古人真有想象力，认为是雷声惊醒了万物。那就让我们伴着春雨、春花、春雷声再读诗歌。

设计意图：聚焦于《观农家》（节选），在读通、读顺、读懂的基础上，让学生找出诗中节气和诗中景色。学生通过交流自己生活中所见的节气景象，观看视频中介绍的"惊蛰"这一节气，将节气文化与古诗联系起来。

（3）其实每一个节气都意味着不一样的景象，那么另外三首诗又是写的什么节气、什么景象呢？请小组合作，完成任务。（5分钟）

① 有感情地朗读古诗并找出诗中节气。

② 找出诗中景象，填写节气图。

③ 小组汇报。

教师随机指导理解和朗读：

《京中正月七日立春》——用喜欢的方式朗读诗歌，如拍手读、重读"进"字，读出活泼之感，读出春天万物复苏的蓬勃感！

《客中初夏》——反复朗读"更无柳絮因风起，惟有葵花向日倾"。立夏时节的葵花是什么样的？给人什么感觉？咱们就是向日葵班，要散发出葵花朵朵向太阳的朝气来！再读！

《月夜忆舍弟》（节选）——诗人看着白露、明月，会想到什么呢？（补充背景：杜甫与几个弟弟在战乱中分散，因此在"白露"这一天，杜甫更加思念他的亲人。）

完成表1。

表1

诗名	节气	景象
《京中正月七日立春》	立春	万木生芽、雁归鱼游
《观田家》（节选）	惊蛰	春雨、春花、春雷响（春来农耕）
《客中初夏》	立夏	南山初晴、葵花绽放
《月夜忆舍弟》（节选）	白露	戍鼓边雁、露白月明

比较发现：学了这四首诗，观察一下节气图，发现节气和诗中的景色有什么联系？

达成共识：不一样的节气呈现不一样的情景，诗中的景物正是某个节气景物应有的特点，节气总结着大自然和人类劳作的变化规律。诗人正是通过诗歌传递了中华民族特有的节气文化。

设计意图：由《观田家》（节选）这个"1"的共同探究，过渡到《京中正月七日立春》《客中初夏》《月夜忆舍弟》（节选）等"X"的自主探究和交流分享，通过找出诗中描写的景物，想象诗歌描写的画面，并利用思维导图进行了快速的整理。

（三）一个节气一首诗

二十四个节气中每个节气都有自己的诗，每首诗都有不一样的情怀，让我们一起读一读这些诗歌。（配背景音乐）

（1）当春潮来袭，雨水时节，我们读：

好雨知时节，当春乃发生。随风潜入夜，润物细无声。

——唐·杜甫《春夜喜雨》

（2）当麦子成熟，小满时节，我们读：

最爱垄头麦，迎风笑落红。

——宋·欧阳修《五绝·小满》

（3）立秋时节，菊傲枝头，我们读：

待到秋来九月八，我花开后百花杀。冲天香阵透长安，满城尽带黄金甲。

——唐·黄巢《不第后赋菊》

（4）当秋风萧瑟，霜降到来，我们读：

停车坐爱枫林晚，霜叶红于二月花。

——唐·杜牧《山行》

（5）当天寒地冻，漫天大雪，我们读：

柴门闻犬吠，风雪夜归人。

——唐·刘长卿《逢雪宿芙蓉山主人》

总结：

（1）同学们，今天在这节课上你有什么收获？

（学习了节气诗，借助思维导图来梳理诗中的情景……）

（2）我们知道了节气，总结了大自然的变化规律，知道了过去的人们是在节气指导下栖息劳作的。如果我们不了解节气文化，我们就可以读这样的与节气有关的古诗，在诗中探寻节气的奥秘。下课！

设计意图：让学生一边诵读一边想象画面，在诵读中感受古诗的情景，真正感受到"诗中有画，画中有诗"。最后谈学习收获，习得方法，激发学生对古诗的阅读和继续探索节气文化的兴趣。

春天的鸟语

成都市新都区谕亭小学　张　敏　万　典

适用年级：二年级

学习文本：

1. 春晓
〔唐〕孟浩然

春眠不觉晓，处处闻啼鸟。
夜来风雨声，花落知多少。

2. 绝句二首·其一
〔唐〕杜甫

迟日①江山丽，春风花草香。
泥融②飞燕子，沙暖睡鸳鸯③。

注释：

①迟日：春天日渐长，所以说迟日。②泥融：这里指泥土滋润、湿润。③鸳鸯：一种水鸟，雄鸟与雌鸟常双双出没。

3. 绝句
〔唐〕杜甫

两个黄鹂鸣翠柳，一行白鹭上青天。
窗含西岭①千秋雪②，门泊③东吴④万里船⑤。

注释：

①西岭：西岭雪山。②千秋雪：指西岭雪山上千年不化的积雪。③泊：停泊。④东吴：古时候吴国的领地，今江苏省一带。⑤万里船：不远万里开来的船只。

【议题解析】

生活需要诗情、诗意、诗韵。古诗群文教学意在让学生满眼诗意、满怀诗情，在生活中品诗，在品诗中生活。围绕此议题，我们选取了三首比较经典的关于春天的古诗，文本简单易懂。二年级的学生对这三首古诗比较熟悉，其中孟浩然的《春晓》是经典中的经典，拉近了古诗与学生之间的距离；而杜甫的两首《绝句》就创作于成都，十分贴近学生的生活。我们巧妙地以春天的鸟鸣为主线，将三首古诗融进学生的生活，以此激发学生与文本对话的兴趣，鼓励学生真正参与到对话的进程中来，一起探索，一起发现，一起分享，让学生在诗情画意的古诗中放飞想象，融入情感，感受美、亲近美，提升心灵感悟，发展智慧。

古诗中描写的事物、人物或景物，往往具有形象性和可感知性。对于低段学生的古诗学习，我们以形象性和可感知性为突破口，充分调动学生的"三觉"（视觉、听觉、感觉）去解读春天的鸟语，这符合低段学生认知的一般规律，并能借鉴优美的文字语言，发展学生的语言表达能力。例如教学《绝句二首·其一》中的"迟日江山丽"一句，教师通过无色彩的字词的描述，引导学生"看到"春日像金子一样洒向大地，江山一片好风光，引起他们热爱丰富多彩的大千世界。再如教学"春风花草香""泥融飞燕子"两句，教师通过无声的字词，引导学生想象春风吹拂的声音和燕子的叫声，在诗中品味生活，打开"三觉"，放飞想象，从文本中感觉到"沙暖"的暖和、"泥融"的湿润，用感觉去感知春天的美好。

考虑到低段学生的认知水平，在教学中我们采用表格为学生学习古诗搭建梯子，引导学生自主探究，活跃学生的思维，使其举一反三，学会思考，学会学习。教学中要鼓励学生尝试用课内学习的"三觉"理解法去鉴赏新的古诗作品，让古诗词变得生动活泼，激发学生学习古诗词的兴趣。

【教学目标】

（1）诵读一组春天的古诗，了解古诗中的鸟语。

（2）用"三觉"（视觉、听觉、感觉）理解法去解读春天的鸟语。

（3）激发学生学习古诗的兴趣，感受古诗之美。

【教学重难点】

用"三觉"法理解鸟语与诗中情景之间的关联。

【教学时间】

40～60分钟。

【教学过程】

（一）以诗导入，齐背古诗

让我们背一首熟悉的古诗——《春晓》。

（二）启发式学习，激发学生学习兴趣，打开话匣子

1. 播放课件，通过视觉发现春天的美

师：通过刚才的课件，你们看到了什么？

（万物复苏，花儿争相开放，"处处闻啼鸟"）

师：你们能猜出这是哪个季节的景象吗？（春季）

师：在《春晓》这首诗里，你们发现了哪些春的信息？

点名学生说。补充：从这一句中，我看到了——

随机贴配图：花朵、鸟儿。

（板书：视觉——春之美）

2. 播放课件（音频），通过听觉捕捉诗中鸟语

师：同学们都有一双发现美的眼睛，都从诗歌中找到了春天的足迹。接下来，请同学们闭上眼睛，打开耳朵，用心听听。（播放音乐）

师：谁来分享听到了什么？（小溪潺潺流动，鸟儿欢快地啼叫……）

（板书：听觉——鸟之声）

师：同学们灵敏的耳朵捕捉到了鸟儿的叫声。那么在这首诗里你听到了什么。补充：从这一句中，我仿佛听到了——

（风的声音，鸟叫的声音，花落的声音……）

师：那春日里的小鸟会说些什么呢？同桌交流交流。

点名学生回答，全班交流：

（春天里的花儿真美啊，我要在春日里唱出最动听的歌儿……）

小结：是啊，小鸟和我们一样看到了春天的美丽，它们欢快地啼叫是在欢

迎春天的到来，我们从诗句中感知到了它们的喜悦。让我们带着这份喜悦再读一读这首古诗。

3. 再读诗歌，发挥想象感觉春之美、鸟之语

刚才同学们的朗读声让我们感到了春天的美好。春天是美的季节，万物复苏，百花齐放，让我们打开感觉的大门，想象自己就是一只小鸟，细细体味诗中的鸟语。（播放音乐）

点名学生回答：

春日普照，会让小鸟感觉……它会说：……

（暖暖的、美好的、困困的）

春风拂过，会让小鸟感觉……它会说：……

（舒服的、柔和的、温暖的）

春雨落下，会让小鸟感觉……它会说：……

（细细的、绵绵的、凉丝丝的）

春天里的鸟叫，会让我们感觉……它会说：……

（雀跃的、喜悦的、欢快的）

打开心灵去感觉大自然的美妙，我们能发现春天更多的美。我们用小鸟的感觉去感受春天，才能真正读懂鸟儿的欢叫。

（板书：感觉——解鸟语）

师小结：在春意盎然的情境中，你们读懂了鸟儿的呢喃细语。我们用视觉去看美丽的春景，用听觉去听鸟儿的欢叫，用感觉去感知春天的美好，这就是"三觉"，今天我们可以用它来品味春天的鸟语。

（三）用"三觉"理解法，品味鸟语之美

师：每当春暖花开，鸟语阵阵时，你能想到哪些古诗呢？（点名学生说）

今天老师带来了杜甫的两首绝句。

1. 知诗人：了解杜甫

我们先来了解"诗圣"杜甫吧。（播放课件）

2. 小组合作学习（出示两首古诗）

自读要求：

（1）请读通读顺：用小组合作的方式读诗，注意读准字音。

（2）找出诗中描写鸟的词句，用"三觉"理解法来品味诗中的鸟语。

（3）完成学习单。（表1）

表1

诗名	视觉	听觉	感觉	解鸟语

过渡语：春日园中莺恰恰，秋天塞外雁雍雍。

（4）小组展示读，正音。

两首诗都读顺了，我们一起来学习第一首古诗《绝句二首·其一》。

（5）指名读。

小组展示、分享学习单：

① 这首诗写的是哪个季节？你是从哪句诗看出来的？

② 指名小组分享交流。

视觉：春日像金子一样洒向大地，江山一片好风光。

听觉：春风吹拂的声音、燕子的叫声。

感觉：暖和的、湿润的。

解鸟语：燕子——美丽的春天到了，我要快快筑新巢……

鸳鸯——暖和的春日真舒服，我要好好睡一觉……

（板书：春来筑新巢）

③ 你最近有没有在生活中看到鸟儿筑巢的情景呢？（播放图片）

④ 我们通过图片了解一下，请仔细看、仔细听！

⑤ 看完图片，谁告诉我燕子筑巢的时候会说什么？

（同桌讨论，模拟燕子对话）

（指名表演）

⑥ 你们真有想象力。诗中春天的燕子正感受着春日的温暖，正快乐地筑新巢呢。让我们伴着春日、春风、春花，再读古诗！

（6）那么另外一首诗又是写的什么鸟儿呢？指名读第二首《绝句》。

指名小组汇报：

视觉：黄色的黄鹂、翠绿的柳树、雪白的鹭、蓝蓝的天、常年积雪的山、门前停泊的船只。

听觉：黄鹂的鸣叫、白鹭挥动翅膀的声音。

感觉：柳枝随风飘荡。

解鸟语：两个黄鹂——你看那边，蝴蝶在阳光明媚的树梢间飞舞嬉戏呢；你看，燕子正在忙着筑新巢，在绿色渐浓的河边搬运"建材"，又忙碌又开心；我真喜欢这样的天气，春天真是太美啦……（播放图片）

（板书：欢声笑语聊春日）

请同学们通过品读鸟儿的话语，感知春天到来的喜悦。这时我们应用什么样的心情来读呢？用你的朗读告诉我！（读全诗）

师生共读。

（7）小结：一切鸟语皆情语。我们今天一起用"三觉"（视觉、听觉、感觉）理解法理解鸟儿的呢喃细语，以后我们要怀着"善解鸟语"的心去品味更多有滋有味的古诗。

（四）品读春天的鸟语，感知春天的美好

让我们在春天的古诗里，听听鸟儿的欢叫。（配背景音乐）

（1）杜甫看到草堂附近的春色，提笔写下：江碧鸟逾白，山青花欲燃。（读）

（2）杜甫独步于江畔写下：留连戏蝶时时舞，自在娇莺恰恰啼。（读）

（3）张志和驾舟谒见湖州刺史颜真卿，时值暮春，桃花水涨，鳜鱼肥美，二人即兴唱和，张志和吟唱：西塞山前白鹭飞，桃花流水鳜鱼肥。（读）

（4）白居易来到钱塘湖，不禁被西湖的春光吸引，他不由感叹：几处早莺争暖树，谁家新燕啄春泥。（读）

（5）高鼎去郊外踏青，赞美道：草长莺飞二月天，拂堤杨柳醉春烟。（读）

结语：同学们平时多读古诗，不负好春光。

巧借"诗眼"品古诗

成都市龙江路小学中粮祥云分校　苏茂西

适合年级：五年级
学习文本：

1. 春夜喜雨
〔唐〕杜甫

好雨知时节，当春乃发生①。
随风潜②入夜，润物细无声。
野径③云俱黑，江船火独明。
晓看红湿处④，花重⑤锦官城。

注释：
①乃：就。发生：萌发生长。②潜：暗暗地，悄悄地。③野径：田野间的小路。径，小路。④晓：天刚亮的时候。红湿处：雨水湿润的花丛。⑤花重（zhòng）：花因为饱含雨水而显得沉重。

2. 江雪
〔唐〕柳宗元

千山鸟飞绝①，万径②人踪③灭。
孤④舟蓑笠⑤翁，独⑥钓寒江雪。

注释：
①绝：尽，无，没有。②万径：虚指，指千万条路。径，小路。③人踪：人的脚印。④孤：孤零零。⑤蓑笠（suō lì）：蓑衣和斗笠。⑥独：独自。

3. 乐游原①

〔唐〕李商隐

向晚②意不适③，驱车登古原④。
夕阳无限好，只是近⑤黄昏。

注释：

①乐游原：在长安（今西安）城南，是唐代长安城内地势最高地。②向晚：傍晚。③不适：不悦，不快。④古原：指乐游原。⑤近：快要。

【议题解析】

学习古诗词能培养学生的语感。面对优秀的作品，我们会产生体验的兴趣，品味的欲望，赞美的冲动，回味的需要，这就是品味鉴赏的过程。在品鉴诗歌时，借助"诗眼"可以事半功倍地让学生很好地理解诗词。

刘铁冷在《作诗百法》中说："诗之有眼，犹人之有目也。"人之目，乃心灵之窗口；诗之眼，则是洞察诗词旨趣的窗口。"诗眼"并非一目了然，需要在诗中发现。在《春夜喜雨》里"诗眼"就在诗题里，从一个"喜"字，就能感受到诗人看到春雨的情感，从全诗的词、句、情中都能感受到春雨带给诗人的欣喜；《江雪》全诗从画面、诗文来看都如钓鱼的渔翁那般孤独寂寥，文中一个"独"字和诗中的词句紧紧相扣，表现出诗人孤傲高洁的情操。读完《乐游原》全诗，结合背景找不到一个合适的字来做"诗眼"，但能体会出诗人"悲"之情贯穿全诗，我们可以把诗人的情感基调定为"悲"，而这个"诗眼"就隐藏在诗中，需要我们仔细总结发现，再结合诗人处在国运将尽的晚唐，有抱负却无法施展，官场失意来体来。通过三首古诗的学习比较，我们发现，"诗眼"为一字，其位置并不固定，可在题目中，可在诗中，也可能需要提炼。总之，发现"诗眼"对诗词的品味鉴赏更有益。

【教学目标】

（1）通过共学一首诗，引导学生发现古诗中的"诗眼"。
（2）通过本组古诗的学习，初步了解"诗眼"的存在形式。
（3）通过小组合作学习，借"诗眼"去品味诗意、诗情和诗人。

【教学重难点】

（1）通过本组古诗的学习，初步了解"诗眼"的存在形式。

（2）通过"诗眼"去品味诗意、诗情和诗人。

【教学时间】

40~60分钟。

【教学过程】

（一）激趣导入

（1）引入：玩游戏——"飞花令"，说说带"花"字的诗句。

（2）说到"飞花令"，想起一个很火的电视节目——《中国诗词大会》。

（3）《中国诗词大会》中的四位老师，大家很熟悉，节目中，他们给大家解读古诗词，很受欢迎。

（4）中华诗词文化博大精深，今天我们就学学品味诗歌、鉴赏诗歌。（板书：品）

（5）走进杜甫的《春夜喜雨》，品味这首诗。

（二）共学诗歌

1. 巧借"诗眼"解诗意、品诗情

（1）自读诗歌，正音。

（2）重点字音：潜（qián）、径（jìng）、重（zhòng）。

（3）齐读全诗，注意节奏。

（4）看看诗题，哪个字体现了作者的感情？（喜）

（5）诗人的心情是怎样的？（喜悦、开心、欢喜）

（6）诗人因何而喜？（春雨）

（7）结合诗句，说说这场雨让诗人喜在何处？（板书：诗意）

生：这场好雨会挑选时间，恰好降临在万物萌生的春季。

师：从句中的哪些词感受到了这份喜悦？

生1：诗人说这是一场"好雨"，还说雨"知"时节，从拟人化的手法可以看出诗人的喜悦。

生2：雨细密地下着，滋润万物。特别是诗句里的"潜"和"细无声"表现出的雨水悄悄地滋润万物，大地生机勃勃的景象让人喜悦。

生3：浓浓的乌云，点点的灯火，"黑""明"相映衬，更能让人感受到雨水的丰厚，令诗人更加喜悦。

生4：从"红湿处"和"花重"足以看出雨水滋润了花朵，雨后繁花似锦的景象更是让人喜悦。

师：读诗，体会喜悦之情。

（8）读这首诗时你眼前浮现了怎样的画面？

生汇报。

（9）杜甫也跟你们一样，已经感受到这场春雨后的生机勃勃，这种心情都藏在"喜"字中，也藏在诗中。

（10）体会读。

（11）这份喜悦也融进了心中。（板书：诗情）

2. 巧借"诗眼"品诗人

（1）春雨常有，为什么杜甫看到这场春雨会如此欢喜呢？（PPT）结合背景解读。

生：（背景介绍）杜甫一听到雨声，就感到无限喜悦，这喜悦恰好反映了诗人特别关心人民疾苦。

（2）杜甫诗作大多能反映出他心系苍生。从"喜"字我们品出了杜甫为春雨而喜，为万物萌发而喜，为雨后美景而喜，更为苍生而喜的大胸怀。（板书：诗人）

（3）小结：学习古诗时，先找到一个关键字，再围绕这个字品味诗意，感悟诗情，了解诗人，就能更全面地理解古诗，这个字就是诗歌的核心和灵魂——"诗眼"。（板书：诗眼）

（4）"诗眼"是什么意思？

（PPT）诗眼：一首诗中最精练传神或最能体现作者情感态度和主要思想的字。

（5）学习古诗时，借助"诗眼"可以更好地品味古诗。

（三）小试牛刀品古诗

共议：

（1）借"诗眼"品古诗。（板书：借"诗眼"品古诗）

（2）四个小组合作品味另外两首古诗。

一、二小组品味《江雪》，三、四小组品味《乐游原》。

（3）学习要求（PPT）。（5分钟）

①自读诗歌，找出诗歌的"诗眼"。

②借助诗歌的"诗眼"理解诗意,感悟诗情。

③结合"诗眼"和诗歌创作背景,品味诗人。

④品味诗歌后,再带着体会读诗歌。

自主学习,完成表格。(表1)

表1

诗名	诗眼	诗情	诗人
《春夜喜雨》	喜	喜悦、欢喜	关心百姓疾苦
《江雪》			
《乐游原》			

(4)一、二小组汇报。

我们找到的"诗眼"是_____。(板书:确定诗眼)

(5)其他组成员补充。

诗中容易混淆的"诗眼"可能有"绝""灭""孤""独"几个字,汇报时,让学生发现问题,进行辨析,再得出结论:本诗诗眼应为"独"字。)

(6)表格填写。(表2)

表2

诗名	诗眼	诗情	诗人
《春夜喜雨》	喜	喜悦、欢喜	关心百姓疾苦
《江雪》	独	孤独	清高而孤傲
《乐游原》			

(7)小结。

通过学习,发现"诗眼"并不是一目了然的,需要辨析,这样才能抓住诗歌的中心和灵魂。(板书:辨析)

(8)三、四小组汇报。

(9)其他组成员补充。

本诗中容易混淆的诗眼可能有"乐""好"两个字,"乐"是诗题里的一个地名,不是"诗眼";诗歌中强调"不适",显然"好"也不会是"诗眼"。全诗基调是"悲","悲"就是全诗的灵魂,所以我们可以把"悲"看

成"诗眼"。发现"诗眼"需要总结提炼。（板书：提炼）

（10）表格填写。（表3）

表3

诗名	诗眼	诗情	诗人
《春夜喜雨》	喜	喜悦、欢喜	关心百姓疾苦
《江雪》	独	孤独	清高而孤傲
《乐游原》	悲	伤感	空有抱负，悲不得志

（11）小结：完成表格，对比发现。

（12）我们发现，"诗眼"有时是诗中很醒目的一个字；有时不明显，需要辨析；有时藏起来，需要提炼。所以，借"诗眼"品古诗，就要找准"诗眼"，这样才能解诗意，悟诗情，品诗人。

（四）总结升华

通过学习，我们发现古诗中藏着十分神奇有趣的"诗眼"。如果能发现诗歌的"诗眼"，然后以"诗眼"为线索，品味诗意，感悟诗情，了解诗人，那我们学习古诗就能事半功倍。

古诗中的乐器

成都市锦西外国语实验小学　董 霞

适合年级：五年级

学习文本：

1. 鹿鸣（节选）
《诗经·小雅》

呦呦①鹿鸣，食野之苹②。
我有嘉宾③，鼓瑟④吹笙⑤。
吹笙鼓簧⑥，承筐⑦是将⑧。
人之好我⑨，示我⑩周行⑪。

注释：

①呦（yōu）呦：鹿的叫声。②苹：艾蒿。③嘉宾：受招待的贵客。④瑟：古代弦乐器，"八音"中属"丝"。⑤笙：古代吹奏乐器，"八音"中属"匏"（páo）。⑥簧（huáng）：笙上的簧片。⑦承筐：指奉上礼品。承，双手捧着。⑧将：送，献。⑨好我：友善待我。⑩示我：告诉我。⑪周行（háng）：大道理。

2. 春夜洛城①闻笛
〔唐〕李白

谁家玉笛暗飞声②，散入春风满洛城。
此夜曲中闻③折柳④，何人不起故园⑤情。

注释：

①洛城：今河南洛阳。②暗飞声：声音不知从何处传来。③闻：听见。④折柳：《折杨柳》笛曲，内容多为离情别绪。⑤故园：指故乡，家乡。

3. 竹里馆①

〔唐〕王维

独坐幽篁②里，弹琴复长啸③。

深林人不知，明月来相照。

注释：

①竹里馆：辋川别墅胜景之一，房屋周围有竹林，故名。在今陕西省蓝田县西南。②幽篁（huáng）：幽深的竹林。③啸（xiào）：噘口发出长而清脆的声音，类似于吹口哨。

4. 琴诗

〔宋〕苏轼

若言①琴上有琴声，放在匣②中何不③鸣？

若言声在指头上，何不于④君⑤指上听？

注释：

①若言：如果说。②匣：用来收藏琴的箱匣。③何不：为什么不。④于：在。⑤君：你。

【议题解析】

《鹿鸣》是中国古代第一部诗歌总集《诗经》中的一首诗，是《诗经·小雅》的首篇。这是一首宴饮诗，是古人在宴会上所唱的歌。此诗自始至终洋溢着欢快的气氛，它把读者从"呦呦鹿鸣"的意境带进"鼓瑟吹笙"的音乐伴奏声中，让人感受到宾主相聚的愉快与美好。

《春夜洛城闻笛》这首诗是李白游洛阳时所作，抒发了作者客居洛阳，夜深人静之时被笛声引起的思乡之情。诗的前两句描写笛声随春风而传遍洛阳城，后两句写因闻笛而思乡。全诗扣紧一个"闻"字，抒写作者闻笛的感受，合理运用想象和夸张的手法，条理通畅，感情真挚，余韵无穷。

《竹里馆》是唐代诗人王维晚年隐居蓝田辋川时创作的一首五言绝句。此诗写隐者的闲适生活及情趣，描绘了诗人月下独坐、弹琴长啸的悠闲生活，遣词造句简朴清丽，传达出诗人淡泊的心境，表现了清幽宁静、高雅绝俗的境界。

《琴诗》是北宋苏轼创作的一首七言绝句。此诗仅用两句反问，说明离开人的弹奏，琴本身不能发声；离开弹奏工具，人的指头也不能发声。美妙的琴声既来自琴，也来自演奏者精妙绝伦的弹奏技巧。诗歌以琴与手发问，引发读者对美的艺术来源的思考。

四首诗有同有异，构成很好的文本组合，统归于"古诗中的乐器"这一议题之下。前三首带有明显的叙事与抒情性，可以借助循序渐进的教学设计，引导学生从"1"到"X"，由习得到运用，由单一到多元再到整体，最后建构起对中国传统乐器、中国古代诗歌文化以及二者关系更深入的认识。《琴诗》则有明显的说理性，可以引导学生在对话与碰撞中进一步升华在议题探究中获得的发现。

【教学目标】

（1）诵读一组古诗，在理解诗意的基础上，体会诗歌表达的情感。

（2）引导学生发现诗中的乐器、演奏场景与诗歌情感之间的关联，并在"比、对、读、议"中感受音乐艺术与诗歌艺术的意韵之美。

【教学重难点】

发现诗中的乐器、演奏场景与诗歌情感之间的关联。

【教学时间】

40分钟。

【教学过程】

（一）揭示课题

（1）同学们，根据老师的提示，猜老师将要板书的一个词语。

"舞台""音乐""演奏家"……猜猜是哪个词？（板书：乐器）

（2）你知道的乐器有哪些？

（3）乐器与音乐艺术在我国都有着悠久的历史。今天，我们通过阅读一组古诗，去探究古诗中的乐器，以及古代诗人与音乐结伴的人生。（板书：古诗中的乐器）

设计意图："乐器"在生活中并不是一个陌生的词语，一端连接着当今社会丰富多彩的生活，一端连接着中国悠久的历史与灿烂的文化。一猜、一问、一引,自然导出了本课的议题。

(二)共读一诗,习得学法

1. 读通读顺

同学们之前已对四首古诗进行了预习。我们先来看看其中的这首古诗,[出示《鹿鸣》(节选)]请一名同学来读一读。

根据学生朗读情况做必要正音。

诗读正确了,意思知道吗?请结合注释和译文看一看,试着用自己的话说说诗句的意思。

请一名同学来说一说诗句的意思。

2. 认识乐器

诗中出现的乐器有什么?谁对"笙"与"瑟"有所了解?

出示"笙"与"瑟"的图片及介绍。

3. 还原场景

再读一读诗歌,看一看,诗中讲述的是在怎样的情况下"鼓瑟吹笙"的?

想象诗歌描绘的场景,你仿佛从音乐中听出了什么?(善意、友好、融洽、欢乐、美好……)

朗读体会《鹿鸣》(节选)诗句中的音乐与情感的纯美。

4. 初步统整

同学们,我们用表格将这首诗的探究结果整理一下,横看表格,有何发现?(表1)

表1

篇目	诗中乐器	奏乐场景	诗情乐情
《鹿鸣》(节选)	笙、瑟	待客	善待、友好、欢乐……

学生畅谈发现。

小结:

看来,早在两千多年前的先秦时期,在我国最初的诗歌艺术作品《诗经》中,就已经有笙与瑟之类的乐器了,这些乐器丰富了人们的生活,创造了高雅的艺术。

设计意图:引导学生细品《鹿鸣》(节选),在读通、读顺、读懂的基础上，探究诗歌中的乐器，由乐器，到生活，到音乐承载的情感，让学生发现三者间的关联，以乐器为媒，感受古朴的乐美、诗美与情美。

（三）学以致用，群读两诗

1. 明白要求

我们用这样的方法来读读另外两首诗：《春夜洛城闻笛》《竹里馆》。分组阅读探究这两首诗，注意自学提示：①自读古诗，借助注释、译文理解诗意。②填写学习单。③想想"诗中乐器"与"奏乐场景""诗情乐情"之间有什么关联。（表2）

表2

篇目	诗中乐器	奏乐场景	诗情乐情
《春夜洛城闻笛》			
《竹里馆》			

2. 学生自学

学生独立阅读思考，完成学习单的填写。

3. 分享交流

（1）分别在小组分享一下，说不定你会受到启发，可以进一步修改你的批注。

（2）全班交流《春夜洛城闻笛》。

谁来结合你填写的学习单，说说关于这首诗中的乐器，你有什么发现？

这首诗中李白听到的笛声是怎样的？他从中听出了什么？

笛声入春风，飘满洛阳城。诗人的心也仿佛随音乐与春风一起行遍大街小巷，可思乡之念却仍无处安放。再来读一读李白在洛阳听到的这首催人思乡的笛音吧！

（3）全班交流《竹里馆》。

结合填写的学习单，说说关于这首诗中乐器的发现。

这首诗中，王维在怎样的场景中弹琴？王维借手中琴、林中音，传递出自己怎样的心声？

琴声中有一分悠闲，让我们隔着时空用朗读来和一和。

琴声中有三分寂寞，再读体会。

琴声中还有七分怡然自得，这是山水田园诗人王维才能感受到的月、人、琴的共鸣与洒脱，再读体会。

4. 再次统整

梳理三首诗的探索成果，以表格形式呈现：同学们，探究完了三首诗，有没有什么新的发现？

学生畅谈发现。

小结：

看来，古诗中的乐器虽形有不同，音有不同，演奏场景有不同，但所奏不仅是乐曲，更是心曲！

（板书：乐曲即心曲）

5. 补充阅读

中国古代乐器有"八音"之说。"八音"也是中国古代对乐器的总称，指金、石、土、革、丝、木、匏、竹八类。刚才探究的三首古诗中的笙是匏乐，笛是竹乐，瑟与琴是丝乐。还有许多藏着乐器的诗篇，我们通过一组诗句来了解，一起读。（呈现诗句，引读）

稻熟田间笑老农，咚咚村鼓乐时丰。

——宋·刘学箕《田家》

村鼓乐时丰，这是鼓乐！

苍苍竹林寺，杳杳钟声晚。

——唐·刘长卿《送灵澈上人》

杳杳钟声晚，是这金乐！

玉磬敲时清夜分，老龙吟断碧天云。

——唐·施肩吾《安吉天宁寺闻磬》

玉磬若龙吟，这是石乐！

兢进家争璧，同声伯有埙。

——宋·宋祁《奉和长兄岁晏抒怀》

同声伯有埙，这是土乐！

……

6. 小结

中国古代的这些传统乐器，在古人留下的一首首诗篇中，萦绕着永不消泯的动人音韵。

设计意图：引导学生将《鹿鸣》（节选）探究过程中所学到的结构化方法用于实践，在自读、提取信息、分享交流、对比统整的过程中，构建起对乐器、音乐、诗人、情感间关系更全面的认识，充分感受中国传统乐器在中国古代文化中的重要地位，感受音乐艺术与诗歌艺术的魅力，同时获得语言与思维能力的发展。

（四）续读一诗，引发思考

1. 导向《琴诗》

音乐如此神奇，不仅能打动听者，还能透过文字，隔着时空打动千百年后的读者。宋代大文豪苏轼也是一个爱乐之人。对音乐与乐器，他产生了一个疑惑。是什么疑惑呢？我们一起来读一读。

2. 齐读《琴诗》

苏轼的疑惑是什么？谁读懂了？

对于这个问题，你的观点是什么？小组讨论后全班交流。

3. 结课升华

苏轼对这个问题只问不答，这恰好引发了一代代读者对此做更深入的思考。我们一起带着我们的理解再来朗读一下这首诗。

再好的琴，没有鼓琴之人，也不会有天籁之音。这一支支动人的音乐，这一首首动人的诗篇，都是源自以"琴"为代表的中国传统乐器与中国古代大诗人在人生际遇里的一次次相逢，并在中华大地上永远留传！（板书：琴心遇诗心）

设计意图：学完前三首诗，并延伸阅读一组藏有乐器的诗句后，再借对苏轼《琴诗》的朗读、思考、讨论，引导学生思考器乐的源头问题，这也是一个事物相互作用的哲学问题。有了前几首诗结构化思考的基础，在对这个问题的思考中，学生会有所发现，而且会被打上深深的文化烙印，让这一节课不止于下课，而是留给学生余音绕梁般的感悟。